呂思勉 著

呂思勉手稿珍本叢刊

中國古代史札録

19

宗族

民族

上海古籍出版社

第十九册目録

宗族

宗族提要

「宗族」一包札録，内分「宗族（上）」「宗族（下）」兩札。這包札録，大多是先生從《左傳》《國語》《戰國策》《史記》《漢書》《晉書》《魏書》等史籍中摘出的資料，也有一些是讀《實事求是齋經義》《家族論》《中國古代社會新研》以及報刊雜誌的筆記。

吕先生的札録，紙角或天頭上常寫有分類的名稱，如「宗族」「親族」「家族」「家庭」等，有些也寫有題頭。摘録的資料，或是節録史籍原文，或是在題頭下注明史籍的篇名卷第，如第三頁「春秋井田記以五口爲一户」注見《後漢書·劉寵傳》「一〇六7下」（即卷一〇六第七頁反面），第四頁「外家亦稱後家」注見《漢書·外戚傳》「九七下1下、2上」（即卷九七下第一頁反面、第二頁正面）。也有一些札録中加有按語，如第四頁「祖母之姪稱舅」條，先生按：「董承，漢靈帝母董太后之姪，於獻帝爲丈人，蓋古無丈人之名，故謂之舅也。」第二、一四、二九等頁，也有長短不一的按語。

「宗族」一包，有不少剪報資料，此次整理未予收録；札録的手稿部分，均按原樣影印刊出。

宗族

家庭為社會基礎之人亦多猴歎以家庭為社會真正之基礎觀

蓋吾人即可知其共同生活於血族團體中

家庭與氏族孰先？曰：魏士特馬[redacted]克主張家庭組織之普徧且說

殺氏族組織為發美國人類學家根據實地[redacted]資料贊成其說

謂母系父系氏族普徧存在不能立　母系氏族居先亦非普

徧

圖騰制普徧亦非宗教，向謂與動植物崇拜不可分，現知非多

此則不特自為一種宗教，僅特視為某種宗教[redacted]制度與某種

社會組織之特殊結合

宗族

後漢書袁紹傳審配獻書于譚曰「昔先公廢黜將軍以續賢兄、立我將軍以為適嗣上告祖靈下書譜牒」（七十四下之上）案此事晉春秋又國志袁紹傳注引（六六）

馬宮「本姓馬矢、宮仕學稱馬氏」云（漢書本傳（八一））

周陽由其父趙兼以淮南王舅侯周陽故因氏焉（漢書酷吏傳（九十））

棗祗本姓棘先人避難易為棗（三國魏志任峻傳注引文士傳（十六））

宗族

孫權別弟朗族為丁氏（吳志孫匡傳注（六47上））、楊竺少獲聲名而遜謂之終敗，勸竺兄穆令與別族（陸遜傳（十三56上））、休恥與峻綝同族，特除其屬籍，稱之曰故峻故綝云（十九41上）孫綝傳

春秋井田記：人以五口為一戶（後漢書劉寵傳注（循76））

漢郡國歲因計上宗室名籍（續漢書百官志 宗正（卅六上））

宗正歲一治諸王世譜（同上注）列昭房

宗族

外家亦稱后家 見漢外戚傳（九十七下、四上）

怒則殺其父兄而終不害其母以母有族類父
兄以己爲種無復報 魏志烏丸傳注引魏書（卅下）

氏姓無常以大人健者名字爲姓 同上

祖母之姪稱舅 蜀志先主傳 獻帝舅
車騎將軍董承 注 董承漢靈帝母董太后之姪
於獻帝爲丈人蓋古無丈人之名故謂之舅也（六下）

宗族

諸侯入事天子，猶不得顧私親。魏明帝太和三年詔。見魏志紀（三之97下）

三國　吳志四　[illegible]章紀元和元年（二之62）　靈紀建寧二（一之92上）

東以三族為三族者謬

民族

以字爲謚，謚作氏二。以字爲謚辨 [illegible] 穀梁：孔父字謚也。謚衍文。

同上

安息託中國。唐書宰相世系表：武威李氏，本安氏，出自姬姓。昌意次子安，居於西方，自號安息國。

烏洛侯託中國。唐書宰相世系表：烏氏出自姬姓，黄帝之後。少昊氏以烏鳥名官，以世功命氏。齊有烏之餘，裔孫世居北方，號烏洛侯，後徙張掖。

宗族

西洋宗族由姻組織之規則

我輩子孫組成別一家

庭

民族之見爲族　蓋民族猶言種族也　以見爲族

的族羣自化民族則否

大族之併　衆之中國新民族傳

後紀之擴而組織民族是依

民族與異戰國數國求大

對待乃自此民族對族化民族

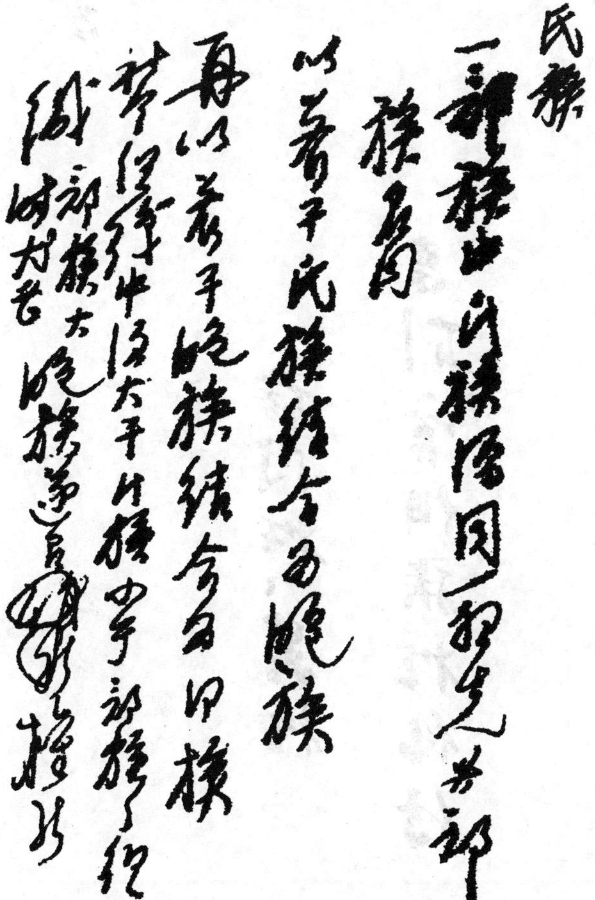

族

族同姓、異姓

吕刑官伯族姓僞傳

宗以族得民

周官以九兩繫邦國之民注兩猶耦也所以協耦萬民繫聯綴也五曰宗宗以族得民

姓氏

世官氏族

第十四·云

周以周姓即中之胥　某某某所以皆

姓氏矣——其子孫某某氏

氏族

族公問族於衆仲衆仲對曰天子建德因生以賜姓胙之土而命之氏諸侯以字爲氏因以爲族官有世功則有官族邑
亦如之公命以字爲展氏以此言之天子賜姓命氏諸侯命族族者氏之別名也姓者所以統繫百世使不別也氏者所
以別子孫之所出故世本之篇
言姓則在上言氏則在下也

陳氏 駁案[illegible]立說許慎五經異義
曰春秋左傳無駭卒羽父請謚與族

五帝
存代

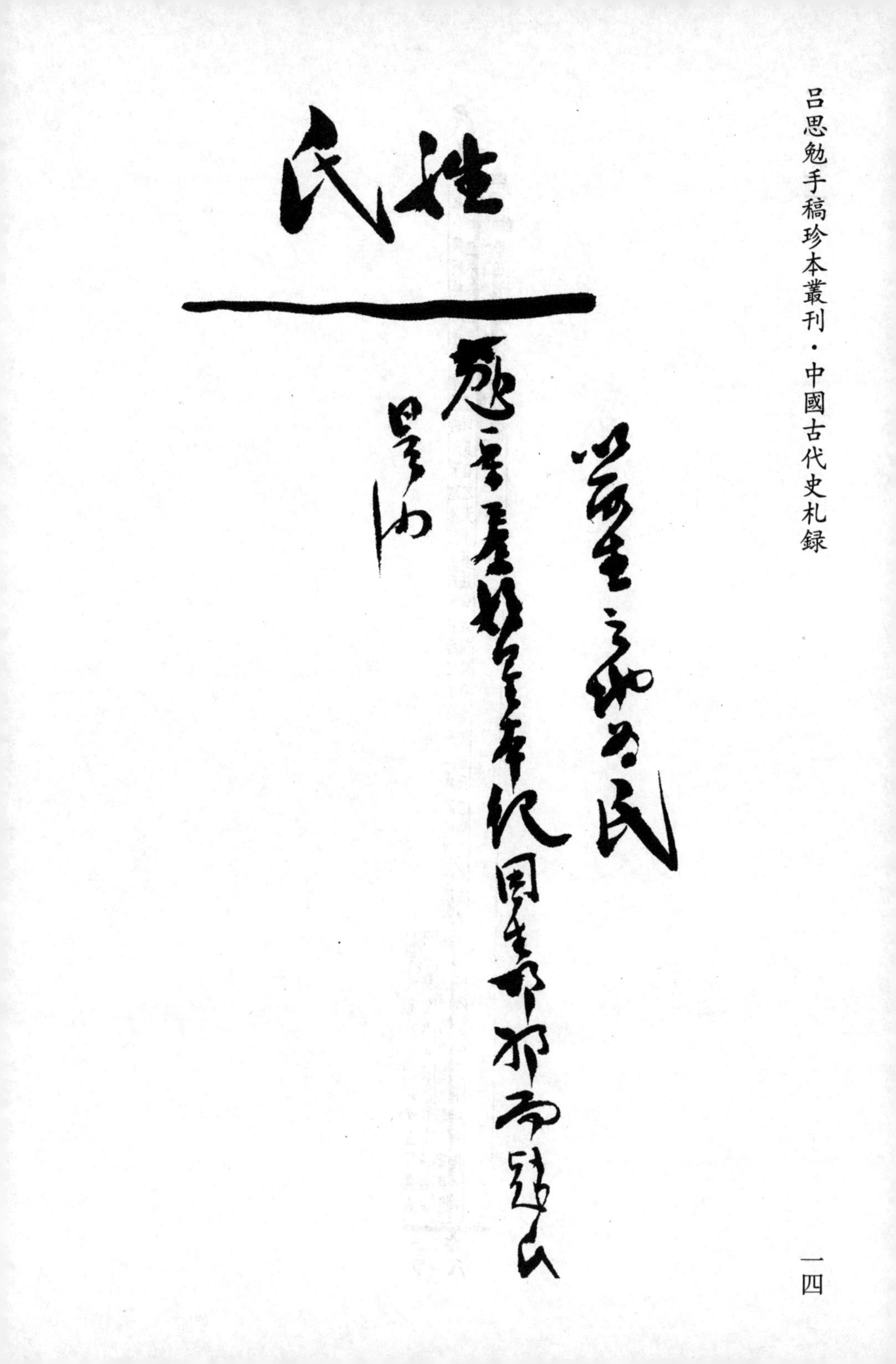

姓氏

[illegible]

[illegible]

[illegible]

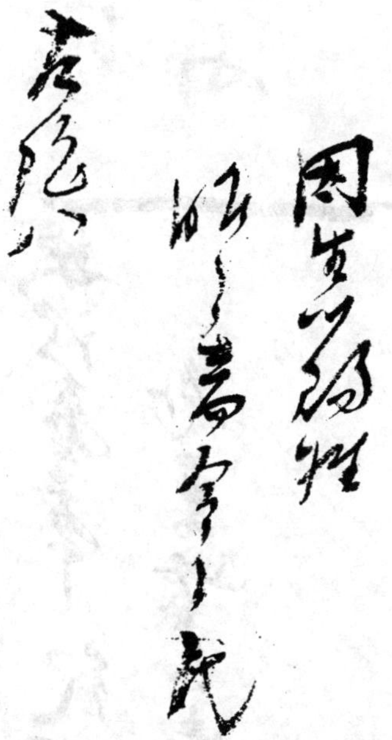

女子

秦母族爲祖顓頊

史記秦本紀秦之先帝顓頊之[illegible]（附注云[illegible]）

勉案女子吞隱語之誤

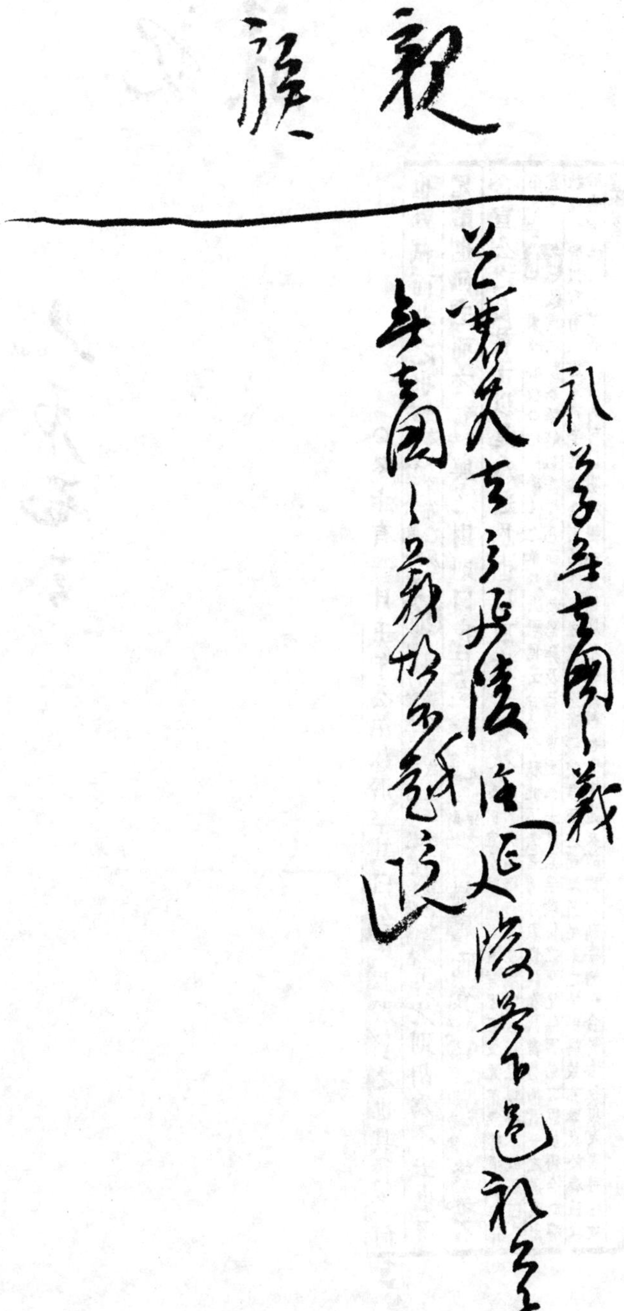

親族

見兩面去

○冬十有一月壬午公弟叔肸卒其曰公弟叔肸賢之也其賢之何也宣弒而非之也宣公殺子赤叔肸非責之○肸許乙反疏同外楚也○釋曰不於清丘發傳者清丘魯不會故重舉所以包之也非之則胡為不去也曰兄弟也何去而之言無所至與之財則曰我足矣言自足以距之宣公與之財物則織屨而食織屨賣以易食○屨九具反終身不食宣公之食君子以是為通恩也以取貴乎春秋泰曰宣公弒逆故其祿不可受兄弟無絕道故雖非而不去論情可以明親親言義足以厲不軌書曰公弟不亦宜乎疏取貴乎春秋○釋曰衛侯之弟鱄去君傳云合於春秋此不去君傳亦取貴於春秋者易稱君子之道或出或處或默或語鱄以衛侯惡而難親恐罪及己故棄之而去使君無殺臣之惡兄無害弟之愆故得合於春秋此叔肸以君有大逆不可受其祿食又是孔懷之親不忍奮飛使君臣之節兩通兄弟之情俱暢故亦取貴於春秋叔肸書字鱄直稱名者叔肸內可以明親親外足以厲不軌比鱄也賢乎遠矣故貴之稱字鱄雖合於春秋無大善可應故直書名而已

宣十七

宗族

二十有五年春王正月丙午衛侯燬滅邢衛侯燬何以名（据楚子滅蕭不名○燬況委反）絶曷爲絶之（据俱滅人）滅同姓也（絶先祖之體尤重故名甚之也日者爲魯憂内録之○爲魯于僞反下同）疏（滅同姓也○解云曲禮下篇云滅同姓名是也以此言之則知公羊何氏以爲齊人滅萊楚滅隗晉滅下陽之屬皆非同姓是以不名耳）（○注日者至録之○解云凡滅例月即莊十年秋十月齊師滅譚之屬是而此書日也）○夏四月癸酉衛侯燬卒

僖廿五

滅同姓名——絶

杜案萬衛侯之罪不肯其滅同姓[illegible]

宗族、

諱不[redacted]救同姓

八年春王正月宋公入曹以曹伯陽歸曹伯陽何以名据以隗子歸不名疏注据以至不名○解云即僖二十六年秋楚人滅隗以隗子歸是也絶曷爲絶之据俱以歸滅也曷爲不言其滅据滅隗也諱同姓之滅也故名以起之疏注故名以起之○解云諱不得書其滅故書其名所以起其滅矣所以能起之者正以失地之君例合書名即桓七年穀伯綏鄧吾離之下傳云曹何以名失地之君是今曹伯陽亦書其名故可起其滅何諱乎同姓之滅据衛侯燬滅邢不諱○燬況委反疏注据衛至不諱○解云即僖二十五年春王正月丙午衛侯燬滅邢是也力能救之而不救也以屬上力能獲邾婁而不救曹故責之不日者深諱之定哀滅例日此不日者諱使若不滅故不日疏注不日至故不日○解云既書入以諱同姓見滅而又日故曰深諱也云定哀滅例日此不日者諱使若不滅故不日云云之說在定四年○吳伐我不言鄙者起圍魯也不言圍者諱使若伐而去疏

公哀八

冬盟于齊脩桓公之好也○梁亡不書其主自取之也初梁伯好土功亟城而弗處民罷而弗堪則曰某寇將至乃溝公宮曰秦將襲我民懼而潰秦遂取梁

經二十年春新作南門○夏郜子來朝○五月乙巳西宮災○鄭人入滑○秋齊人狄人盟于邢○冬楚人伐隨

傳二十年春新作南門書不時也凡啓塞從時○滑人叛鄭而服於衛夏鄭公子士洩堵寇帥師入滑○秋齊狄盟于邢爲邢謀衛難也於是衛方病邢○隨以漢東諸侯叛楚冬楚鬬穀於菟帥師伐隨取成而還君子曰隨之見伐不量力也量力而動其過鮮矣善敗由己而由人乎哉詩曰豈不夙夜謂行多露○宋襄公欲合諸侯臧文仲聞之曰以欲從人則可以人從欲鮮濟

經二十有一年春狄侵衛○宋人齊人楚人盟于鹿上○夏大旱○秋宋公楚子陳侯蔡侯鄭伯許男曹伯會于盂執宋公以伐宋○冬公伐邾○楚人使宜申來獻捷○十有二月癸丑公會諸侯盟于薄釋宋公

傳二十一年春宋人爲鹿上之盟以求諸侯於楚楚人許之公子目夷曰小國爭盟

〇鄭之入滑也滑人聽命師還又即衛
鄭公子士洩堵俞彌帥師伐滑王使伯服游孫伯如鄭請滑鄭伯怨惠王之入而不與厲公爵也又怨襄王之與衛滑也故不聽王命而執二子王怒將以狄伐鄭富辰諫曰不可臣聞之大上以德撫民其次親親以相及也昔周公弔二叔之不咸故封建親戚以蕃屏周管蔡郕霍魯衛毛聃郜雍曹滕畢原酆郇文之昭也邘晉應韓武之穆也凡蔣邢茅胙祭周公之胤也召穆公思周德之不類故糾合宗族于成周而作詩曰常棣之華鄂不韡韡凡今之人莫如兄弟其四章曰兄弟鬩于牆外禦其侮如是則兄弟雖有小忿不廢懿親今天子不忍小忿以棄鄭親其若之何庸勳親親暱近尊賢德之大者也即聾從昧與頑用嚚姦之大者也弃德崇姦禍之大者也鄭有平惠之勳又有厲宣之親弃嬖寵而用三良於諸姬爲近四德具矣耳不聽五聲之和爲聾目不別五色之章爲昧心不則德義之經爲頑口不道忠信之言爲嚚狄皆則之四姦具矣周之有懿德也猶曰莫如兄弟故封建之其懷柔天下也猶懼有

外侮扞禦侮者莫如親親故以親屏周召穆公亦云今周德既衰於是乎又渝周召以從諸姦無乃不可乎民未忘禍王又興之其若文武何王弗聽使頹叔桃子出狄師〇夏狄伐鄭取櫟王德狄人將以其女爲后富辰諫曰不可臣聞之曰報者倦矣

宗族

宗族

古戴孝子之孝是孝於未有君為忠臣何知者孝子之謂也未有長而仍不可知其弟子之謂也未有從而能任可知其兄修之謂也惟吾孝子善事君為弟又善事長君子不孝一為可能知修矣

宗族

（大戴曾子立事）曰是[illegible]仕也備則未必備也而句讀存焉事父可以事君事兄可以事師長使子猶使臣也使弟猶使承嗣能取朋友者亦能取所予從政者矣賜與其宮室亦猶慶賞於國也忿怒其臣妾亦猶用刑罰於萬民也是故為善必自內始也內人怨之雖外人亦不能立也

宗族

管子問年之長於社稷宗廟則民人之所以宗
同國之宗人何族之為也
同鄉之宗人何族之別也
同宗子之姓異為其以其從之異為其族何字

宗族

燠休痛其痛而念之若今時小兒痛父母以口就之曰燠休代其痛也杜氏燠休痛念之聲其意如服言也此民人痛疾承蹈貴之下以其傳文相違無所分別故言謂陳氏也其愛之如父母而歸之如流水欲無獲民將焉辟之箕伯直柄虞遂伯戲四人皆舜後陳氏之先焉於虔反戲許宜反疏注四人至之先○正義曰論陳氏而言此四人知四人皆陳氏之先也八年傳云舜重之以明德寘德於遂遂世守之及胡公不淫遂在舜之後知四人皆舜之後世數遠近不可復知也其相胡公大姬已在齊矣胡公四人之後周始封陳之祖大姬其妃也言陳氏雖爲人臣然將有國其先祖鬼神已與胡公共在齊○相息亮反服如字大姬音泰疏其相至齊矣○正義曰杜不解相服虔云相隨也蓋相訓爲助不爲隨也言箕伯四人其皆助胡公大姬神靈已在齊矣神之在否不可測度而晏子爲此言者以陳氏必與姜姓必滅示已審見其事故言先神歸之其實神歸以否非晏子所能知也今定本相作祖叔向曰然雖吾公室今亦季世也戎馬不駕卿無軍行言晉衰弱不能征討救諸侯○行戶郎反公乘無人卒列無長百人爲卒言人皆非其人非其長○乘繩證反卒子忽反注同長丁丈反注同庶民罷敝而宮室滋侈滋益也○罷音皮侈尺氏反又昌氏反道殣相望餓死爲殣○殣音覲說文云道中死者人所覆也毛詩作墐傳云墐路冢也而女富溢尤女嬖寵之家民聞公命如逃寇讎欒郤胥原狐續慶伯降在皁隸八姓晉舊臣之族也皁隸賤官○郤去逆反皁才早反隸力計反疏注八姓至賤官○正義曰此八姓之先欒郤胥原狐晉卿也續簡伯慶鄭伯宗○亦見於傳先皆大夫也政在家門大夫專政民無所依君日不悛以樂慆憂慆藏也悛改也○悛七全反樂音洛又音岳慆他刀反疏以樂慆憂○正義曰劉炫云慆慢也好音樂而慢易憂禍也杜以慆爲藏當讀如弓韜之韜言以音樂藏身埋藏憂愁於樂中猶古詩云埋憂地下也公室之卑其何日之有言今至讒鼎之銘讒鼎名也○讒任咸反服云疾讒之鼎也疏注讒鼎名也○正義曰服虔云讒鼎疾讒之鼎明堂位所云崇鼎是也一云讒地名禹鑄九鼎於甘讒之地故曰讒鼎二者並無案據其名不可審知故杜直云鼎名而已曰昧旦丕顯後世猶怠昧旦早起也丕大也言夙興以務大顯後世猶解怠○昧音妹丕普悲反解佳賣反況日不悛其能久乎晏子曰子將若何問何以免此難○況日人實反難乃旦反叔向曰晉之公族盡矣肸聞之公室將卑其

宗族枝葉先落則公從之肸之宗十一族同祖爲宗○肸許乙反疏肸之宗十一族○正義曰世族譜云羊舌氏晉之公族也羊舌其所食邑名唯言晉之公族不知出何公也杜云同祖爲宗謂同出一公有十一族也譜又云或曰羊舌氏姓李名果有人盜羊而遺其頭不敢不受而埋之後盜羊事發辭連李氏李氏掘羊頭示之以明已不食唯識其舌存得免號曰羊舌氏杜言或曰蓋舊有此說杜所不從記異聞耳唯羊舌氏在而已肸又無子無賢子公室無度無法度幸而得死言得以壽終爲幸豈其獲祀言必不得祀

姓氏

凡姓族異者所以別異人也猶萬物皆各有名以分[illegible]姓賜氏諸侯但賜氏不得賜姓降於天子也故隱八年左傳云無駭卒公問族於衆仲衆仲對曰天子建德因生[illegible]胙之土而命之氏諸侯以字為謚因以為族官有世功則有官族邑亦如之以此言之天子因諸侯先祖所生賜之曰姓杜預云若舜生嬀汭賜姓曰嬀封舜之後於陳以所封之土命為氏舜後姓嬀而氏曰陳故鄭駮異義云炎帝姓姜大皞之所賜也黃帝姓姬炎帝之所賜也故堯賜伯夷姓曰姜賜禹姓曰姒賜契姓曰子賜稷姓曰姬著在書傳如鄭此言是天子賜姓也諸侯賜卿大夫以氏若同姓公之子曰公子公子之子曰公孫公孫之子其親已遠不得上連於公故以王父字為氏若適夫人之子則以五十字伯仲為氏若魯之仲孫季孫是也若庶子妾子則以二十字為氏則展氏臧氏是也若男女則以父祖官及所食之邑為氏以官為氏者則司馬司城是也以邑為氏者若韓趙魏是也凡賜氏族者此為卿乃賜有大功德者生賜以族若叔孫得臣是也雖公子之身若有大功德則以公子之字賜以為族若仲遂是也其無功德死後乃賜族若無駭是也若子孫不為卿其君不賜族子孫自以王父字為族也氏族對之為別散則通也故左傳云問族於衆仲下云公命以字為展氏是也其姓與氏散亦得通故春秋有姜氏子氏姜子皆姓而云氏是也○注若衛至納焉○正義曰案春秋左氏傳桓十六年初衛宣公烝於夷姜生急子娶於齊而美公取之生壽及朔又昭十九年左傳楚平王郹陽封人之女奔之生大子建為大子建取秦女而美平王自納之是其淫亂之事也

其夫屬乎父道者妻皆母道也其夫屬乎子道者妻皆婦道也言母婦無昭穆於此統於夫耳母焉則尊之婦焉則卑之尊之卑之明非己倫以厚別也○屬音燭謂弟之妻婦者是嫂亦可謂之母乎言不可也謂之婦與嫂者以其在己之列以名遠之耳復謂嫂為母則令昭穆不明昆弟之妻夫之昆弟不相為服不成其親也男女無親則遠於相見○嫂本又作㛐悉早反遠于萬反下同復扶又反令力呈反名者人治之大者也可無慎乎人治所以正人○治直吏反注同

疏其夫至道也○正義曰此一經言他姓婦人來嫁己族本無昭穆於己親惟繫夫尊卑而定母婦之號也○其夫屬乎父道者道猶行列也若其夫隨屬於己之父行者其妻皆即己之母行也故云妻皆母道也○其夫屬乎子道者妻皆婦道也者謂其夫隨屬於己之子行者其妻皆婦行也故婦人來嫁己伯父之列即謂之為母也來嫁於己之子姪之行即謂之為婦也○注言母至別也○正義曰云母婦無昭穆於此者此謂己之族也言他姓之女或為婦或為母先無昭穆於己之親族云統於夫耳者言所以有母婦名者謂繫統於夫始有母婦之名也云尊之卑之明非己倫以厚別也者謂之為母者則尊敬之謂之為婦者即卑遠之既尊卑縣絕明知非己之倫位所以厚重相分別之義也凡男女若無尊卑倫類相聚即淫亂易生為無相分別也○謂弟至母乎○此一經論兄弟之妻相稱謂之義凡子行之妻乃謂之為婦弟非子行其妻亦謂之婦者以兄弟同倫嫌相褻瀆弟雖非子行其妻同子行之妻謂之為婦欲卑遠之弟妻既得為婦號記者恐兄妻得為母號故記者明之云是嫂亦可謂之母乎言嫂不可亦謂之為母也然弟妻既得為婦兄妻不可亦得為母者然弟小於己妻必幼稚故可謂之為婦而嫂不可借子妻之名謂之為婦嫂雖是兄妻年必與己相類既不甚縣絕何得謂之為母且弟妻既為婦兄妻又為母便是兄弟之倫翻為父子之例故嫂不可謂之為母而借嫂老之名以為兄妻之號也○注言不至相見○正義曰言不可者謂嫂不可為母也云謂之婦與嫂者以其在己之列以名遠之耳者謂之婦者弟妻謂之嫂者兄妻在己之列謂兄弟之妻作己之倫列恐相褻瀆故弟妻假以同子婦之名兄妻假以嫂老之名殊遠之也云復謂嫂為母則令昭穆不明者既以子妻之名名弟妻為婦若又以諸父之妻名名兄妻為母則上下全亂昭穆不明故不可也鄭注喪服亦云弟之妻為婦者卑遠之故謂之婦嫂者尊嚴之是嫂亦可謂之母乎言其不可也故言乎以疑之是弟妻可借婦名是兄妻不可借母名與此注正合無相違也而皇氏引諸儒異同煩而不當無所用也云昆弟之妻夫之昆弟不相為服不成其親也者若男女尊卑隔絕相服成親義無混雜此兄弟之妻己之倫列若其成親為服則數相聚見姦亂易生故令之無服所以疏遠之云男女無親則遠於相見者以其全同路人恩親不接故云遠以相見○名者人治之大者也可無慎乎○名謂母婦之名言得之則昭穆明失之則上下亂是人治之大者也可得不慎之乎言須慎名也

氏族

古以者本姓乃氏姓不知母不知以本姓

詳衛請衛為

長子然知

弟子琳之

知悉

此事可分於長子然知為此家二子學業皆權利

父又承德之意曾屢為來日繼千子孫無其

土地等以為公有年後偏移有所希

吳蔚又

宋代

故坐第稱十卷 丙至七尺

封達

春林世伯大人 宗族

春林西通論 左行案閣交來

餘子與庶子異，或分稱

古[illegible][illegible]餘子之不[illegible][illegible]餘字無異也

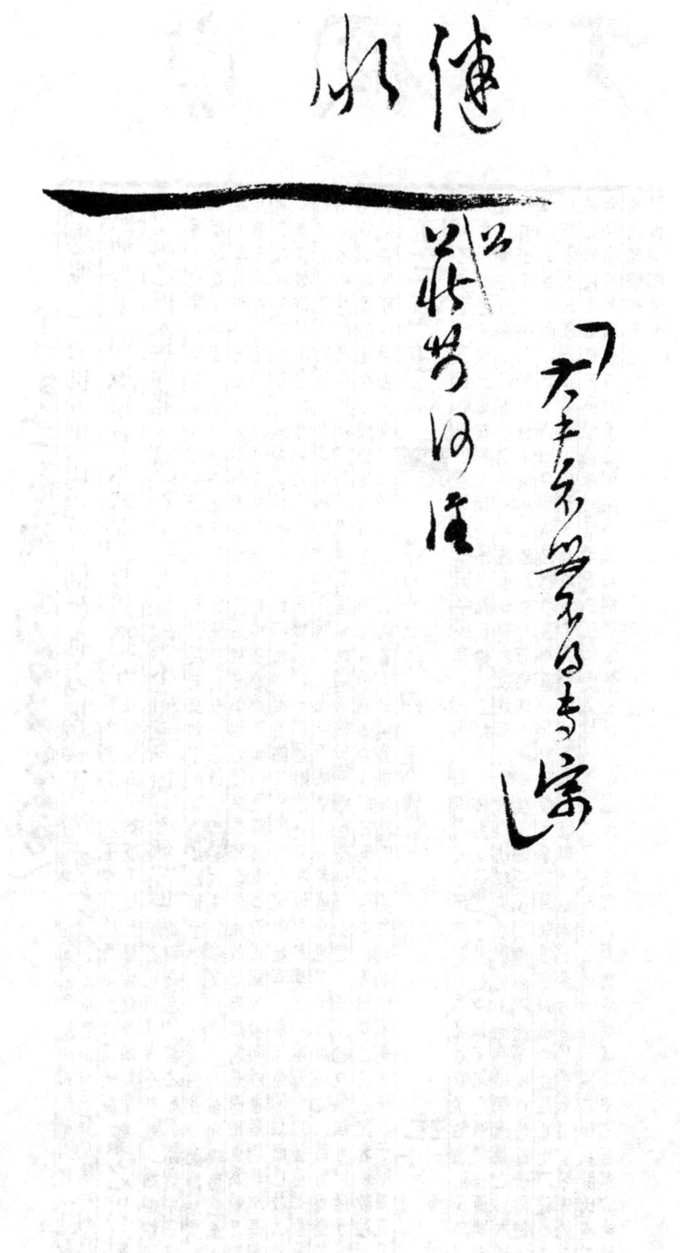

昏姻丁

[illegible]

而緦服之窮也五世袒免殺同姓也六世親屬竭矣四世共高祖五世高祖昆弟六世以外親盡無屬名○免音問殺色界反徐所列反其庶姓別於上而戚單於下昏姻可以通乎問之也玄孫之子姓別於高祖五世而無服姓世所由生○戚千歷反單音丹昏姻如字繫之以姓而弗別綴之以食而弗殊雖百世而昏姻不通者周道然也周之禮所建者長也姓正姓也始祖爲正姓高祖爲庶姓繫之弗別謂若今宗室屬籍也周禮小史掌定繫世辨昭穆○繫音計又戶計反別皇如字舊彼列反注及下同綴丁衛反連合也食音嗣定繫戶計反一音計

疏四世至然也○正義曰此一節論殷周繚敘宗族之異各依文解之○四世而緦服之窮也者四世謂上至高祖以下至己兄弟同承高祖之後爲族兄弟相報緦麻是服盡於此故緦麻服窮是四世也爲親兄弟期一從兄弟大功再從兄弟小功三從兄弟緦麻共承高祖爲四世而緦服盡也○五世袒免殺同姓也者謂共承高祖之父者也言服袒免而無正服減殺同姓也○六世親屬竭矣者謂共承高祖之祖者也言不服袒免同姓而已故云親屬竭矣○其庶姓別於上者此作記之人以殷人五世以後可以通婚故將殷法以問於周云周家五世以後庶姓別異於上與高祖不同各爲氏族不共高祖別自爲宗是別於上也○而戚單於下者戚親也單盡也謂四從兄弟恩親盡於下各自爲宗不相尊敬庶衆也高祖以外人轉廣遠分姓衆多故曰庶姓也高祖以上復爲五宗也○婚姻可以通乎者問者旣見姓別親盡雖是周家婚姻應可以通乎問其可通與否○注問之至由生○正義曰問之者是記者以殷法而問周五世後昏姻可以通否云玄孫之子姓別於高祖者玄孫與高祖服屬仍同其姓與高祖不異玄孫之子則四從兄弟承高

十三經注疏　禮記三十四　大傳　十二

祖父之後至己五世而無服各事小宗因字因官爲氏不同高祖之父是庶姓別於上庶姓爲衆姓也則氏族之謂也云姓世所由生者據五世無服不相稟承各爲氏姓故云姓世所由生○繫之至然也○前文記者以殷法而問周此經記者以周法而答問言周法婚姻不可通也○繫之以姓而弗別者周法雖庶姓別於上而有世繫連繫之以本姓而不分別若姬氏姜氏大宗百世不改也○綴之以食而弗殊者連綴族人以飲食之禮而不殊異也○雖百世昏姻不通者言雖相去百世而婚姻不得通○周道然也者言周道如此異於殷也是不許問者之辭也○注姓正至昭穆○正義曰姓正姓者對氏族爲正姓也云始祖爲正姓者若炎帝姓姜黃帝姓姬周姓姬本於黃帝齊姓姜本於炎帝宋姓子本於契是始祖爲正姓也云高祖爲庶姓者若魯之三桓慶父叔牙季友之後及鄭之七穆子游子國之後爲游氏國氏之等云若今宗室屬籍也者以漢之同宗有屬籍則周家繫之以姓是也云小史掌定繫世者周禮小史之官掌定帝繫世本知世代昭穆故云定繫世辨昭穆也○

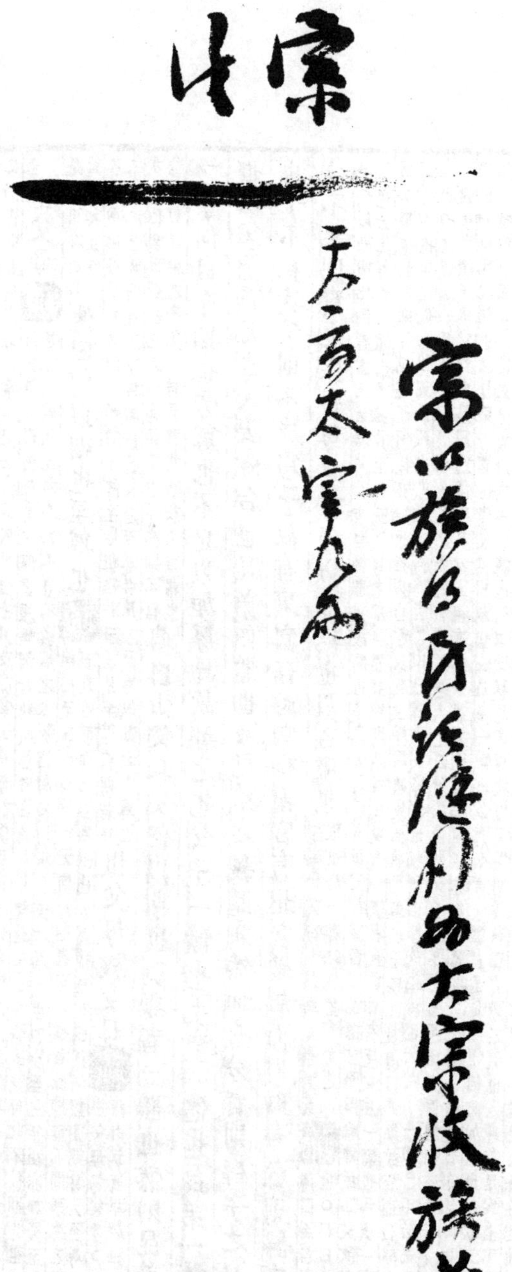

升冠九升是亦爲母同正服衰五升之驗也又案此章云不杖麻屨鄭云言其異於上則上章下疏衰之等亦同又是爲
母同正服五升之驗也案下記云齊衰四升冠七升及閒傳云爲母既虞受衰七升者唯據上章父卒爲母齊衰三年者
也祖父母疏祖父母○釋曰孫爲之服㚒服條例皆親而尊者在先故斬章先父三年齊衰先母此不杖期先祖亦
是其次若然此章有降有正有義服之本制若爲父期祖合大功爲父母加隆至三年祖亦加隆至期
是以祖在於章
首得其宜也傳曰何以期也至尊也疏傳曰至尊也○釋曰云何以期也至尊也者此據母而問所生之母
至親唯期而已祖爲孫止大功孫爲祖既疏何以亦期荅云至尊也
者祖爲孫降至大功似父母於子降至期祖雖非至親是至尊故期若然
不云祖至尊而直云至尊者以是父之至尊非孫之至尊故直云至尊也世父母叔父母疏世父母叔父母○釋
曰世叔既卑於祖故
次之伯言世者欲見繼世爲昆弟之子亦期不言
報者以昆弟之子猶子若言報爲疏故不言報也傳曰世父叔父何以期也與尊者一體也然則昆弟
之子何以亦期也旁尊也不足以加尊焉故報之也父子一體也夫妻一體也昆弟一體
也故父子首足也夫妻牉合也昆弟四體也故昆弟之義無分然而有分者則辟子之私
也子不私其父則不成爲子故有東宮有西宮有南宮有北宮異居而同財有餘則歸之
宗不足則資之宗世母叔母何以亦期也以名服也宗者世父爲小宗典宗事者資
取也爲姑姊妹在室亦如之疏傳曰至名服
也○釋曰傳
發何以期問比例者雷氏云非父之所尊嫌服重故問也不直云何以言世父叔父者以經摠言而傳離釋故二文欲別
問也云與尊者一體也者雖非至尊既與尊者爲一體故服期不言與父爲一體者直言尊者明父爲一體也爲與一尊
故加期也云然則昆弟之子何以亦期也者以世叔父與二尊爲體故加期昆弟之子無此義何以亦期故怪而致問也
云旁尊也不足以加尊焉故報之也者凡得降者皆由己尊也故降之世叔非正尊故生報也云父子一體已下云云傳
云此者上既云一體故傳又廣明一體之義凡言體者若人之四體故傳解父子夫妻兄弟還比人四體而言也云父子
一體也者謂子與父骨血是同爲體因其父與祖亦爲一體又見世叔與祖亦爲一體也云夫妻一體也者亦見世叔母
與世叔父爲一體也云昆弟一體也者又見世叔與父亦爲一體也故馬云言一體者還是至親因父加於世叔故云昆
弟一體因世叔加於世叔母故涉夫妻一體也因上世叔是旁尊故以下廣明尊有正有旁之義也人身首足爲上下父
子亦是尊卑之上下故父子比於首足因父子兼見祖孫故馬云首足者父尊若首加祖在期子卑若足曾孫在緦也云
夫婦牉合也者郊特牲云天地合而后萬物興焉是夫婦半合子胥生焉是半合爲一體也云昆弟四體也者四體謂二
手二足在身之旁昆弟亦在父之旁故云四體也云故昆弟之義無分者此傳兄弟有合離之義以手足四體本在一身
不可分別若昆弟共成父身亦不可分別是昆弟之義不合分也云然而有分者則辟子之私也者昆弟理不合分然而

分者則辟子之私也使昆弟之子各自私朝其父故須分也云子不私其父則不成爲子者内則云子事父母鷄初鳴咸盥漱櫛縰笄總朝事父母若兄弟同在一宫則尊崇諸父之長者第二已下其子不得私其父不成爲人人之子之法也云故有東宫有西宫云云案内則云命士以上父子異宫不命之士父子同宫縱同宫亦有隔别亦爲四方之宫也云世母叔母何以亦期也以名服也者二母是路人以來配世叔父則生母名既有母名則當隨世叔而服之故云以名服也○注宗者至如之○釋曰案喪服小記云繼别爲大宗繼禰爲小宗大宗繼别子之後百世不遷之宗在五服之中者族人爲之月筭如邦人如爲齊衰齊衰三月章宗子是也小宗有四皆據五服之内依常著服五世别高祖則别事親者今宗子在期章之内明非大宗子是世父爲小宗典宗事者也云爲姑姊妹在室亦如之者大功章云爲姑嫁大功明未嫁在此期章若然不見姑者雷云不見姑者欲見時早出之義

伯之喪，敬姜晝哭。文伯之喪，晝夜哭。孔子曰：「知禮矣。」（喪夫不夜哭，嫌思情性也。）文伯之喪，敬姜據其牀而不哭，曰：「昔者吾有斯子也，吾以將爲賢人也，（蓋見其有才藝。）吾未嘗以就公室。（未嘗與到公室觀其行也。季氏，魯之宗卿。敬姜有會見之禮。○行，下孟反。見，賢遍反，下文「不敢見」同。）今及其死也，朋友諸臣未有出涕者，而內人皆行哭失聲。斯子也，必多曠於禮矣夫。」（內人，妻妾。○夫音扶，下同。本亦有無夫字者。）疏「穆伯」至「矣夫」。○正義曰：此一節論喪夫不夜哭，并母知子賢愚之事。○「斯子也，必多曠於禮矣夫」。○正義曰：斯，此也。曠，猶疏薄也。言此子平生爲行，必疏薄於賓客朋友之禮，故賓客朋友未有感戀爲之出涕者。此不哭者，謂暫時不哭，故上云晝夜哭是也。案《家語》云：文伯歜卒，其妻妾皆行哭失聲。敬姜戒之曰：「吾聞好外者士死之，好內者女死之。今吾子早夭，吾惡其好內聞也。二三婦共祭祀者，無加服。」孔子聞之曰：「女智莫若婦，公父氏之婦知禮矣。」與此不同者，彼戒婦人而成子之德，此論子之惡，各舉一邊，相包乃具。

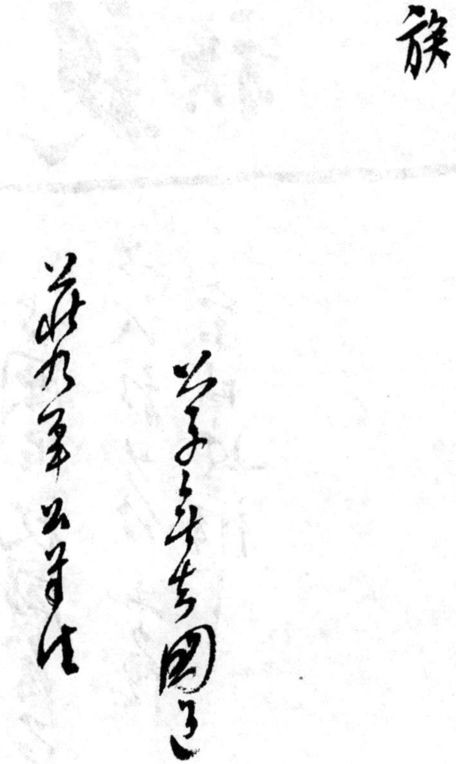

親族

古國曰親戚，家稱[illegible]曰，呼為宗室

史記魏其侯傳：[illegible]長[illegible]上謝曰：保宗室外

宗族姓譜[illegible]

宗族

族自有同

立昭公六年齊桓公敗蔡遂至楚召陵九年昭公卒子共公襄立共公十六年初晉公子重耳其亡過曹曹君無禮欲觀其駢脅【集解】韋昭曰駢者并幹也【正義】駢白邊反脅許業反釐負羈諫不聽【正義】釐音僖曹大夫私善於重耳二十一年晉文公重耳伐曹虜共公以歸令軍毋入釐負羈之宗族閭或說晉文公曰昔齊桓公會諸侯復異姓今君囚曹君滅同姓何以令於諸侯晉乃復歸共公二十五年晉文公卒三十五年共公卒子文公壽立文公二十三年卒子宣公彊立【索隱】左傳宣公名廬宣公十七年卒弟成公負芻

史記管蔡世家

世家令軍毋入僖負羈宗家

宗族

嚴仲子具告曰臣之仇韓相俠

累俠累又韓君之季父也宗族盛多居處兵衛甚設臣欲使人刺之衆終莫能就今足下幸而不棄請益其車騎壯士

可爲足下輔翼者聶政曰韓之與衛相去中間不甚遠【索隱】高誘曰韓都潁川陽翟衛都東郡濮陽故曰相去不甚遠也 今殺人之相相又國君之親

此其勢不可以多人多人不能無生得失【索隱】戰國策作無生情言所將人多或生異情故語泄也此云生得言將人多往殺俠累後有被生擒而事泄亦兩俱通也 生得失則語

泄語泄是韓舉國而與仲子爲讎【集解】徐廣曰一作難【索隱】戰國策讎周亦同 豈不殆哉遂謝車騎人徒聶政乃辭獨行仗劍至韓韓相俠

累方坐府上持兵戟而衛侍者甚衆聶政直入上階刺殺俠累【集解】徐廣曰韓列侯三年三月盜殺韓相俠累 俠累名傀戰國策曰有東孟之會又云聶政刺韓傀兼中哀侯

【索隱】戰國策云政直入上階刺韓傀傀走而抱哀侯聶政刺之兼中哀侯高誘云東孟地名也 左右大亂聶政大呼所擊殺者數十人因自皮面決眼【索隱】皮面謂以刀刺其面皮欲

能

史記刺客列傳

治宗

君绝宗

○君有合族之道族人不得以其戚戚君位也君恩可以下施而族人皆臣也不得以父兄子弟之親自戚於君位謂齒列也所以尊君別嫌也。別彼列反疏君○君有至位也。正義曰此一經明人君既尊族人不以戚戚君明君有絕宗之道也。合族者言設族食燕飲有合食族人之道既管領族人族人不得以其戚屬上戚於君位皆不得以父兄子弟之親上親君位也。注所以至嫌也。正義曰不敢計已親戚與君齒列是尊君也兄弟相屬多有篡代之嫌今遠自卑退是別嫌疑也。

○庶子不祭

大传

親族

諸侯之兄弟不得以屬通
親而奔之惡

○仲孫速帥師伐邾○蔡殺其大夫公子濕蔡公子履出奔楚○陳侯之弟光出奔楚諸侯之尊弟兄不得以屬通其弟云者親之也親而奔之惡也題書弟明其親也親而奔逐之所以惡陳侯○弟光左氏作黃惡音烏路反

疏注所以惡陳侯○釋曰知非惡光者以傳例歸爲善自某歸次之以二十三年云光自楚歸于陳又且專之稱弟罪衛侯則光稱弟罪陳侯也故鄭釋廢疾亦云惡陳侯也○叔老如齊○冬十月丙辰朔日有食之○季孫宿如宋

十三經注疏 穀梁十六 襄公十六年至二十年 五

廿 穀梁

親族

諸侯弟兄不得以屬通

穀隱七

植夫

親族

是范所據之文也○夏秦伯之弟鍼出奔晉諸侯之尊弟兄不得以屬通其弟云者親之也親而奔之惡也惡烏路反○鍼其廉反疏親而奔之惡也○釋曰重發傳者陳侯之弟稱歸爲無罪此鍼後無歸文則罪之輕重旣不可知故傳云親而奔之惡也明與陳光同耳○六月丁巳邾子

昭元

親族

世子不氏
母弟以尊不以屬通

八年春陳侯之弟招殺陳世子偃師鄉曰陳公子招元年在今曰陳侯之弟招何也曰盡其親所以惡招也盡其親謂既稱公子又稱弟招先君之公子今君之母弟○惡烏路反疏盡其親○釋曰盡其親者招前稱公子明有先君之親今變文言弟彰是今君之親二稱並見故云盡其親也然昭元年稱公子不關殺偃師而亦言之者以變公子之文而稱弟故二者并言之也十三年殺公子比不言楚比云陳世子者體國重故繫國言之公子繫君故不繫國也若然下云殺陳孔奐繫陳者楚人殺他國之臣故繫國兩下相

昭八

殺不志乎春秋此其志何也世子云者唯君之貳也云可以重之存焉志之也諸侯之尊兄弟不得以屬通其弟云者親之也親而殺之惡也惡招疏注惡招○釋曰此稱弟惡招光稱弟惡陳侯者光有歸文見經明知光無罪今招親殺世子故知稱弟以惡招也○夏四月辛丑陳侯溺卒○溺乃歷反○叔弓如晉

以尊降 以旁尊降 以厭降

大功以上同財

大夫公之昆弟大夫之子於兄弟降一等兄弟猶言族親也凡不見者以此求之疏○注兄弟至求

之○釋曰此三人所以降者大夫以尊降昆弟以旁尊降大夫之子以厭降是以摠云降一等上經當已言訖今又言之者上○雖言之恐猶不盡記人摠結之是以鄭云凡不見者以此求之云兄弟猶言族親也者以下云小功巳下為兄弟恐此兄弟亦據小功巳下得降故曰猶族親也則此兄弟及下文為人後者為兄弟皆非○小功巳下猶族親所容廣也

為人後者於兄弟降一等報於所為後之兄弟之子若子○言報者嫌其為宗子不降疏○注言報至不降○釋曰謂支子為大宗子後反來為族親兄弟之類降一等云於所為後之兄弟之子若子者此等服其義巳見於斬章云言報者嫌其為宗子不降者以其出降本親又宗子尊重恐本親為宗子有不敢降服之嫌故云報以明之言報是兩相為服者也

兄弟皆在他邦加一等不及知父母與兄弟居加一等皆在他邦謂行仕出遊若辟仇不及知父母父母早卒疏○注皆在至早卒○釋曰云在他邦加一等者二人共在他國一死一不死相愍不得辭於親眷故加一等也云不及知父母與兄弟居加一等者謂各有父母或父母有早卒者與兄弟共居而死亦當愍其孤幼相育特加一等云皆在他邦謂行仕以古者有出他國之法故云行仕也又云出遊者謂若孔子弟子朋友同廊遊他國兄弟容有死者又云若辟仇者周禮調人云從父兄弟之仇不同國兄弟之仇辟諸千里之外皆有兄弟共行之法也云不及知父母父母早卒者或遺腹子或幼小未有知識而父母早死者也

傳曰何如則可謂之兄弟傳曰小功以下為兄弟於此發兄弟傳者嫌大功已上又加也大功以上若皆在他國則親自親矣若不及知父母則固同財矣疏○注於此至財矣○釋曰發問者上經及記巳有兄弟皆是降等唯此兄弟加一等故怪而致問引舊傳者以有成文故引之云小功巳下為兄弟者以其加一等故也鄭云於此發兄弟傳者嫌大功以上又加也者鄭亦據於此兄弟加一等發傳者嫌大功巳上親則親矣又加之故於小功發傳也云大功以上若皆在他國則親自親矣者不可復加者也云若不及知父母則固同財矣者據經不及知父母與兄弟居既親重則財食是同雖無父母恩自隆重不可復加也

如父

親生川礼於人稱父人或謂之則稱父執之

丞葉　注本從於多

宗法（續）

大夫不降宗

大夫爲宗子【疏】大夫爲宗子。釋曰大夫尊降旁親皆一等尊祖故敬宗是以大夫雖尊不降宗子爲之三月宗子既不降母妻不降可知傳曰何以服齊衰三月也大夫不敢降其宗也【疏】傳曰至其宗也。釋曰以大夫於餘親皆降獨不降宗子故并服而問荅云不敢降其宗也者於餘親則降也

（喪服傳卅一）

婦

丈夫婦

人爲宗子宗子之母妻婦人女子子在室及嫁歸宗者也宗子繼別之後百世不遷所謂大宗也疏丈夫至母妻○釋曰此與大宗同宗親如寄公爲所寓故次在此言丈夫婦人者謂同宗男子女子皆爲大宗子并宗子母妻齊衰三月也○注婦人至大宗也○釋曰此經爲宗子謂與大宗別高祖之人皆服三月也案斬章女子子在室及女反在父室者又不杖章中歸宗婦人爲當家小宗親者期爲大宗疏者三月也云宗子繼別之後者案喪服小記及大傳云繼別爲大宗又云有五世則遷之宗小宗有四是也有百世不遷之宗繼別爲大宗是也云所謂大宗也者即上文大宗者尊之統是也傳曰何以服齊衰三月也尊祖也尊祖故敬宗敬宗者尊祖之義也宗子之母在則不爲宗子之妻服也疏傳曰至妻服也○釋曰傳以丈夫婦人與宗子服絕而越大功小功與曾祖同怪其大重故問比例何以服齊衰三月云尊祖也至之義也荅辭也祖謂別子爲祖百世不遷之祖當祭之日同宗皆來陪位及助祭故云尊祖也云尊祖故敬宗者是百世不遷之宗大宗者尊之統故同宗敬之云敬宗者尊祖之義也者以宗子奉事別子之祖是尊祖之義也宗子之母在則不爲宗子之妻服也者謂宗子父已卒宗子主其祭王制云八十齊喪之事不與則母七十亦不與令宗子母在未年七十母自與祭母死宗人爲之服宗子母七十已上則宗子妻得與祭宗人乃爲宗子妻服故云然也必爲宗子母妻服者以宗子燕食族人於堂其母妻亦燕食族人之婦於房皆序以昭穆故族人爲之服也

小宗

支子不祭祭必告于宗子

支子不祭祭必告于宗子不敢自專謂宗子有故支子當攝而祭者也五宗皆然

疏 支子至宗子。正義曰支子庶子也祖禰廟在適子之家而庶子賤不敢輒祭之也若濫祭亦是淫祀。祭必告於宗子者支子雖不得祭若宗子有疾不堪當祭則庶子代攝可也猶宜告宗子然後祭故鄭云不敢自專。

曲禮下

親族（服記）

父在則為妻不杖

降 君大夫以尊降
公子大夫之子以厭降
公之昆弟以旁尊降
為人後者以出降
女子子

大子謂長為正統之親一在大夫長子之妻一不降

餘親則絕

大子謂長後非大夫降一等

大夫之適子爲妻 疏 大夫之適子爲妻○釋曰云大夫之適子爲妻在此不杖章則上杖章爲妻者是庶子爲妻父沒後適子亦爲妻杖亦在彼章也

傳曰何以期也父之所不降子亦不敢

十三經注疏 儀禮三十 喪服 八

降也何以不杖也父在則爲妻不杖 大夫不以尊降適婦者重適也凡不降者謂如其親服服之降有四品君大夫以尊降公子大夫之子以厭降公之昆弟以旁尊降爲人後者女子子嫁者以出降

疏 傳曰至不杖○釋曰怪所以期發比例而問者大夫衆子爲妻皆大功今適子爲妻期故發問也云父之所不降子亦不敢降也者大功章有適婦注云適子之妻是父不降適婦也云子亦不敢降者謂不敢

降至大功與庶子同也云何以不杖也者既不降径不杖故發問也父在爲妻不杖者父爲適子之婦爲喪主故適子不敢伸而杖也服問云君所主夫人妻大子適婦是也大夫爲適婦爲喪主也故子不杖也若然此適子爲妻通貴賤今不云長子通上下而云適子唯據大夫者以五十始爵爲降服之始嫌降適婦其子亦降其妻故明舉大夫不降天子諸侯雖尊不降可知○注大夫至出降○釋曰云大夫不以尊降適婦者重適也者此解經文所不降適子之婦對大夫爲庶子之婦小功是尊降也云凡不降者謂如其親服服之者謂依五服常法服之云降有四品者鄭因傳有降不降之文遂總併喪服上下降服之義云君大夫以尊降者天子諸侯爲正統之親后夫人與長子長子之妻等不降餘親則絕天子諸侯絕者大夫降一等即大夫爲衆子大功之等是也云公子大夫之子以厭降者此非身自尊受父之厭屈以降無尊之妻下記云公子爲其母練冠麻麻衣縓緣爲其妻縓冠葛絰帶麻衣又卒乃大功是也大夫之子即小功章云大夫之子爲從父昆弟在小功皆是也云公之昆弟以旁尊降者此亦非己尊旁及昆弟故亦降其諸親即小功章云公之昆弟爲從父母昆弟是也案大功章云公之庶昆弟爲母妻昆弟傳曰先君餘尊之所厭不得過大功若然公之昆弟有兩義既以旁尊又爲餘尊厭也云爲人後者女子子嫁者以出降者謂若下文云爲人後者爲其父母報又下文云女子子適人者爲其父母昆弟爲父後者此二者是出也凡大夫之服例在正服後今在昆弟上者以其妻本在杖期直以父爲主故降入不杖章是以進之在昆弟上也

唐叔封受分鄙族氏以懷姓九宗——懷即隗——

姓族六九宗

1925

氏族

氏族日前後野

一姓九族

子繫於父

○翼九宗五正頃父之子嘉父逆晉侯于隨翼晉

舊都也唐叔始封受懷姓九宗職官五正遂世爲晉强家五正五官之長九法翼晉至大夫○正義曰唐叔始封受

宗一姓爲九族也頃父之子嘉父晉大夫○頃音傾長丁丈反下文及注同疏懷姓九宗職官五正者謂周成王滅唐

始封唐叔以懷氏一姓九族及是先代五官之長子孫賜之言五官之長者謂於殷時爲五行官長今褒寵唐叔故以其

家族賜之耳今云頃父之子嘉父者以頃父舊居職位名號章顯嘉父新爲大夫未甚著見故繫之於父諸繫父爲文者

義皆同此也

左隱六

氏族之前後野

47

親族

母爲長子齊衰三年——不問夫在否

母爲長子疏母爲長子○釋曰長子卑故在母下但父爲長子在斬章母爲長子在齊衰以子爲母服齊衰母爲之不得過於子爲己故亦齊衰也若然長子與衆子爲母父在期若夫在爲長

子豈亦不得過於子爲己服期乎然者子爲母有降屈之義父母爲長子本爲先祖之正體無厭降之義故不得以父在屈至期明母爲長子不問夫之在否也傳曰何以三年也父之所不降母亦不敢降也不敢降者不敢以己尊降祖禰之正體疏傳曰至降也○釋曰云何以三年者此亦問比例父母爲衆子期等是子此何以獨三年云父之所不降母亦不敢降也者斬章文云何以三年荅云正體於上將所傳重不降故於母亦云不敢降故荅云父之所不降母亦不敢降若然夫不敢降妻亦不敢降而云父母者以其父母各自爲子故父母各云何以三年而問之是以荅各據父母爲子而言不據夫妻也○注不敢至正體○釋曰云不敢以己尊降祖禰之正體者上傳於父已荅云正體於上是以鄭解母不降亦與父同以夫婦一體故不降之義亦等

喪服儀禮廿

宗法

世本言姓在上氏在下

史記言諸本紀姓別氏

君死喪之三年父母死喪之

三年 喪服經為父斬衰三年父卒為母齊衰三年說苑修文篇齊宣王謂田過曰吾聞儒者喪親三年喪君三年則戰國時非儒者蓋不盡持三年服也

妻與後子

死者 孔廣森云後子者為父後之子即長子也戰國策謂齊太子申為後子荀子謂丹朱為堯後子其義並同畢云後子嗣子適也

五皆喪之三年 畢云左傳曰王一歲有三年之喪二周禮如此按喪服經父為長子斬衰三年夫為妻齊衰期畢據左昭十五年傳證此文是也彼叔向語指景王有穆后太子壽之喪而云有三年之喪二是妻亦有三年之義杜注云天子絕期唯服三年故后雖期通謂之三年喪孔疏云喪服傳曰父必三年然後娶達子之志也父以其子有三年之戚為之三年不娶則夫之于妻有三年之義故可通謂之三年之喪孔廣森云襍記云期之喪十一月而練十三月而祥十五月而禫有練有祥有禫故妻喪禫期兼得三年之稱也假令遭喪于甲年之末除禫於丙年之首前後已涉三年王云者五當為五者謂君父母妻與後子也非儒篇曰妻後子三年今本五者二字倒轉則義不可通俞云上文君死父母死既已別而言之此不當總數為五五疑二字之誤按王俞二說不同未知孰是

然後伯父叔父兄弟孽子其 畢云其同期詒讓案公孟篇正作期非儒篇作其與此同喪服經為世父母叔父母昆弟眾子並齊衰期說文子部云孽庶子也孽子即眾子對前後子為家嫡也

族人五月 喪服經為從祖祖父母從祖父母報從祖昆弟並小功五月王云族人當為戚族人謂族人之近者也非儒篇正作戚族人五月見儀禮喪服今本脫戚字則義不可通公孟篇戚族人五月今本亦脫戚字

姑姊甥舅皆有

月數 喪服為姑姊妹在室期適人大功九月甥舅相為緦麻三月王云月數當為數月公孟篇正作姑姊舅甥皆有數月之喪亦見喪服今本數月二字倒轉則文義不明

墨子節葬下

親族

從上逆殺

春秋隱元鄭伯克段于鄢〻〻〻〻者則爲鄭伯者

宜本何從上順殺親〻之道也

親族

傳十四年春衛侯如晉晉侯強見孫林父焉（林父以七年奔晉強見欲歸之○強其丈反注同見賢遍反注強見下而見之同）定公不可夏衛侯旣歸晉侯使郤犨送孫林父而見之衛侯欲辭定姜曰不可（定姜定公夫人）是先君宗卿之嗣也（同姓之卿）疏（注同之卿○正義曰世本孫氏出於衛武公至林父八世是同姓也）大國又以爲請不許將亡雖惡之不猶愈於亡乎君其忍之（違大國必見伐故亡○爲如字或于僞反惡烏路反）安民而宥宗卿不亦可乎衛侯見而復之（復林父位○宥音又）

成十四

宗族

〇吳公子札

襄廿九

來聘見叔孫穆子說之謂穆子曰子其不得死乎不得以壽終。說音悅壽音授〇好善而不能擇人吾聞君子務在擇人吾子為魯宗卿而任其大政不慎舉何以堪之禍必及子為昭四年豎牛作亂起本疏好善而不能擇人〇正義曰昔有當塗貴邳國公蘇威嘗問曰知人是善然後好之何以言其不能擇人有曰好善仁擇人鑒雖有仁心鑒不周物故好而不能擇也劉炫以此言亦有所切於彼

宗法

奉宗子之礼

適子庶子祇事宗子

宗婦祇敬也宗大宗○復扶又反適丁歷反○雖貴富不敢以貴富入宗子之家雖衆車徒舍于外以寡約入入謂入宗
子家子弟猶歸器衣服裘衾車馬則必獻其上而后敢服用其次也猶若也子弟若有功德以物見饋賜當以善者與宗子也若
非所獻則不敢以入於宗子之門謂非宗子之爵所當服也不敢以貴富加於父兄宗族加猶高也若富則具二牲
獻其賢者於宗子賢猶善也夫婦皆齊而宗敬焉當助祭於宗子之家○齊側皆反○終事而后敢私祭祭其祖禰疏適子至私
祭○正義曰此一節論族人敬事宗子之禮○適子庶子祇事宗子宗婦者適子謂父及祖之適子是小宗也庶子謂適
子之弟宗子謂大宗子宗婦謂大宗子之婦言小宗及庶子等敬事大宗子及宗婦也○子弟猶歸器衣服裘衾車馬者

猶若也歸謂歸遺也子弟若有功德被尊上歸遺衣服裘衾車馬則必獻其善者於宗子○若富則具二牲獻其賢者於
宗子者賢猶善也善者獻宗子使祭之不善者私用自祭也○夫婦皆齊而宗敬焉者大宗子將祭之時小宗夫婦皆齊
戒以助祭於大宗以加敬焉謂敬事大宗之祭○終事而后敢私祭者謂大宗終竟
祭事而后敢以私祭祖禰也此文雖主事大宗子其大宗之外事小宗子者亦然

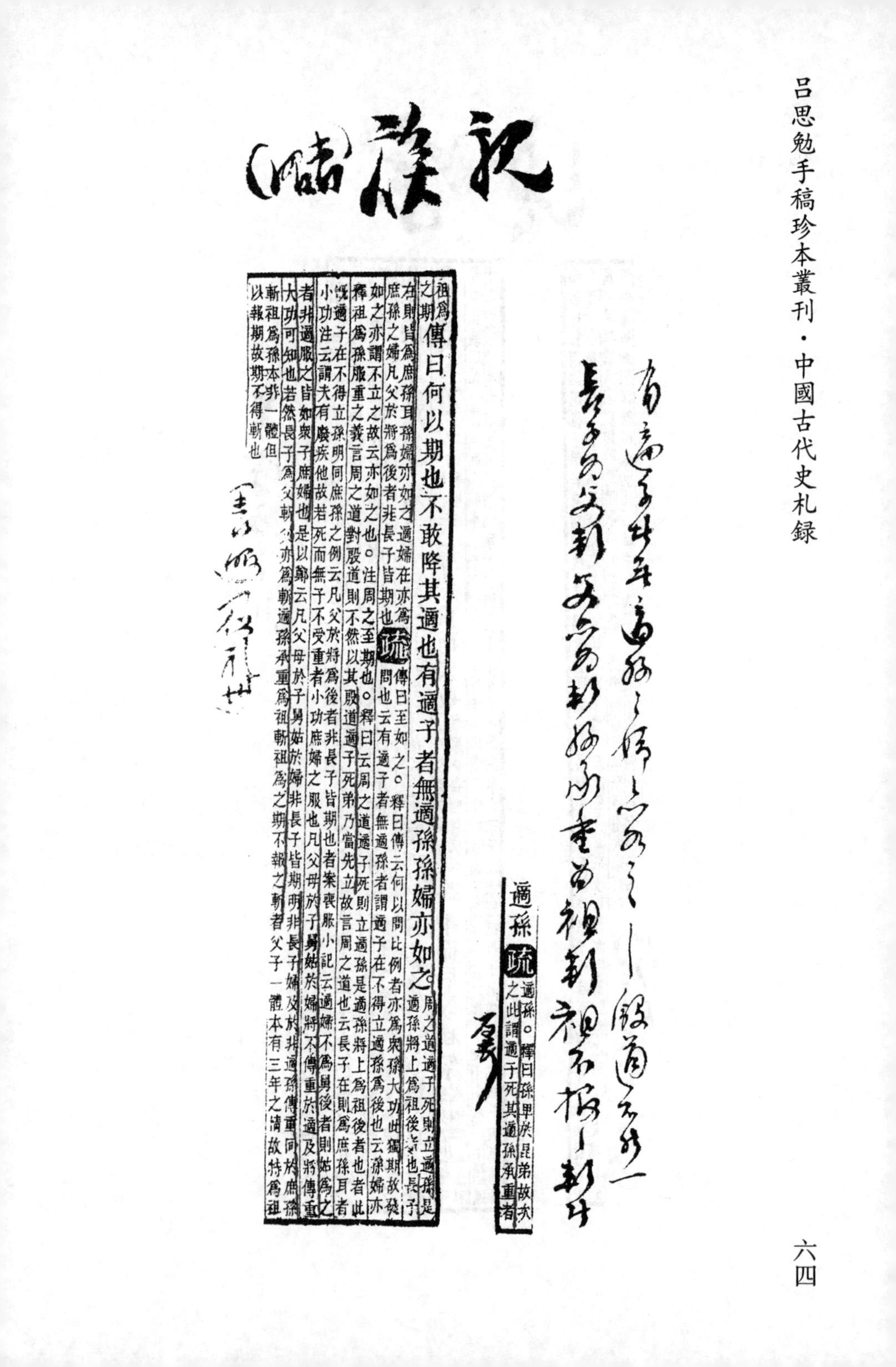

[illegible]

[illegible]

適孫 疏 適孫。釋曰孫卑於昆弟故次之此謂適子死其適孫承重者

[illegible]

祖爲之期 傳曰何以期也不敢降其適也有適子者無適孫孫婦亦如之。周之道適子死則立適孫是適孫將上爲祖後者也長子在則皆爲庶孫耳孫婦亦如之適婦在亦爲庶孫之婦凡父於將爲後者非長子皆期也 疏 傳曰至如之。釋曰傳云何以問比例者亦爲衆孫大功此獨期故發問也云有適子者無適孫者謂適子在不得立適孫爲後也云孫婦亦如之亦謂不立之故云亦如之也。注周之至期也。釋曰云周之道適子死則立適孫是適孫將上爲祖後者也者此釋祖爲孫服重之義言周之道對殷道則不然以其殷道適子死弟乃當先立故言周之道也云長子在則爲庶孫耳者既適子在不得立孫明同庶孫之例云凡父於將爲後者非長子皆期也者案喪服小記云適婦不爲舅後者則姑爲之小功注云謂夫有廢疾他故若死而無子不受重者小功庶婦之服也凡父母於子舅姑於婦將不傳重於適及將傳重者非適服之皆如衆子庶婦也是以鄭云凡父母於子舅姑於婦非長子皆期明非長子婦及於非適孫傳重同於庶孫大功可知也若然長子爲父斬父亦爲斬適孫承重爲祖斬祖爲之期不報之斬者父子一體本有三年之情故特爲祖斬祖爲孫本非一體但以報期故期不得斬也

[illegible]

宗法

凡凶事服弁服 服弁喪冠也其服斬衰齊衰○衰七雷反下皆同齊音咨

[疏]注服弁喪至齊衰○釋曰弁服於上下文不類者以是喪服故變其文也天子諸侯絕傍期正統之期猶不降故兼云齊衰其正服大功亦似不降也大功章曰適婦注云適子之婦傳曰何以大功也不降其適也既無指斥明關之天子諸侯也又服問云君所主夫人妻大子嫡婦既言君所主服不降也如是則適孫之婦又當小功今注止云斬衰齊衰者以其正服齊衰是不降之首然則王爲適子斬衰其爲適孫適曾孫適玄孫適來孫則皆齊衰不杖章云適孫傳曰何以期也不敢降其適也有適子者無適孫孫婦亦如之玄謂凡父於將爲後者非長子皆期然則王禮亦適子死有適孫適孫死有適曾孫向下皆然也又案喪服傳云始封之君不臣諸父昆弟封君之子不臣諸父而臣昆弟天子之義亦當然若虞舜之與漢高皆庶人起爲天子蓋亦不臣諸父昆弟而有服也

（見周司服）

凶事服弁服

王禮亦適子死有適孫，適孫死有適曾孫向下皆然。

始封之君不臣諸父昆弟，封君之子不臣諸父而臣昆弟。

天子義亦當然

（以上）小字

女子適人者父母昆弟爲同父後者爲之齊衰期

女子子適人者爲衆昆弟父在則同父沒乃爲父後者服期也

疏○釋曰前云姑姊妹女子子出適在章首者情重故至此女子子反爲昆弟在此者抑之欲使厚於夫氏故次在此也爲本親降一等是其常故無傳也云父沒乃爲父後者服期也者不杖章所云是也

喪服（儀禮卅二）

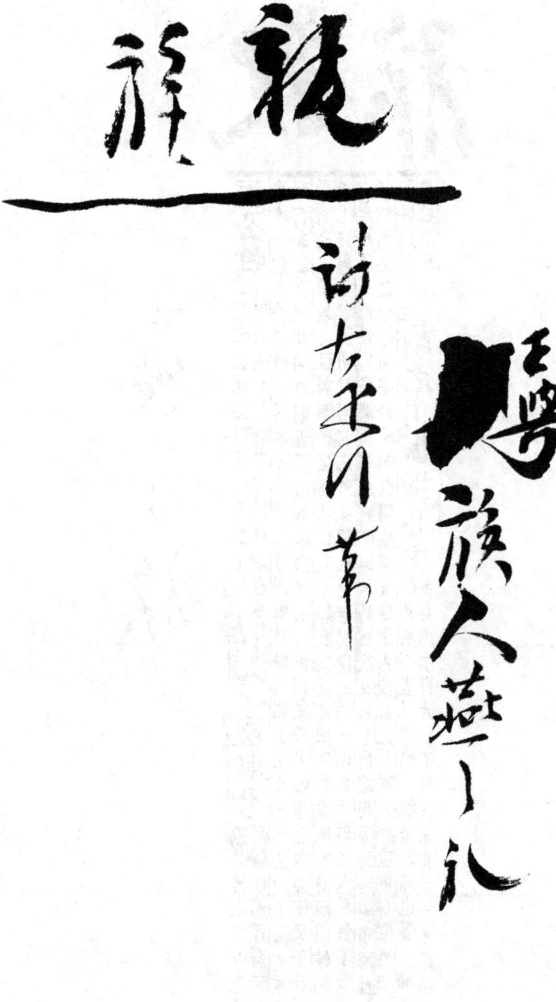

親族

麟之定振

振公姓定題也公姓公同姓。定都佞反字書作頞音同題徒兮反郭璞注爾雅頞也本作顚誤于嗟麟兮疏傳定題。正義曰釋言文郭璞曰謂頟也傳或作顚釋畜云的顙白顚顚亦頟也故因此而誤定本作題。傳公姓公同姓。正義曰言同姓疎於同祖上云公子爲最親下云公族傳云公族公同祖則謂與公同高祖有廟屬之親此同姓則五服以外故大傳云五世祖免殺同姓是也大傳注又云外高祖爲庶姓是同高祖爲一節也此有公子公族公姓對例爲然案杕杜云不如我同父又曰不如我同姓傳曰同姓同祖此同姓同祖爲異彼爲一者以彼上云同父即云同姓同父之外次同祖更無異稱故爲一也且皆對他人異姓不限遠近直舉祖父之同爲親耳襄十二年左傳曰同姓於宗廟同宗於祖廟同族於禰廟又曰魯爲諸姬臨於周廟謂同姓於文王爲宗廟也邢凡蔣茅胙祭臨於周公之廟是同宗於祖廟也同族謂五服之內彼自以五服之外遠近爲宗姓與此又異此皆君新非異國也要皆同姓以對異姓異姓最爲疎也麟之角振振公族麟角所以表其德也公族公同祖也箋云麟角之末有肉示有武而不用。示有武一本示作象

公姓

公族

族叔

母为王氏孙女也 吾母为程母氏为氏

兄 长房代笔跪

親訣

甯氏

河間郡

康叔

親族

九族

左傳親其九族注九族謂外祖父外祖母從母子及妻父妻母姑之子姊妹之子女子之子并己之同族皆外親有服而異族者

漢世儒者說九族有二異義今禮戴尚書歐陽說九族乃異姓有屬者父族四五屬之內為一族父女昆弟適人者與其子為一族己女昆弟適人者與其子為一族己之女子子適人者與其子為一族母族三母之父姓為一族母之母姓為一族母女昆弟適人者與其子為一族妻族二妻之父姓為一族妻之母姓為一族古尚書說九族者從高祖至玄孫凡九皆同姓謹案禮緦麻三月以上恩之所及禮為妻父母有服明在九族中九族不得但施於同姓鄭駁云玄之聞也婦人歸宗女子雖適人字猶繫姓明不得與父兄為異族其子則然婚禮請期辭曰唯是三族之不虞欲及今三族未有不億度之事而迎婦也如此所云三族不當有異姓異姓其服皆緦禮雜記下緦麻之服不禁嫁女取婦是為異姓不在族中明矣周禮小宗伯掌三族之別名喪服小記說族之義曰親親以三為五以五為九以此言之知高祖至玄孫昭然察矣是鄭從古尚書說以九族為高祖至玄孫也此注所云猶是禮戴歐陽等說以鄭玄駁云女子不得與父兄為異族故簡去其母唯取其子以服重者為先耳其意亦不異也不從古學與鄭說者此言親其九族詩刺不親九族必以九族者疏遠恩薄已甚故刺其不親而美其能親耳高祖至父己之所稟承也子至玄孫己之所生育也人之於此誰或不親而美其能親也詩刺棄其九族豈復上遺父母下棄子孫哉若言棄其九族謂棄其出高祖出曾祖者然則豈亦棄其出曾孫出玄孫者乎又鄭玄為昏必三十而娶則人年九十始有曾孫其高祖玄孫無相及之理則是族終無九安得九族而親之三族九族族名雖同而三九數異引三族以難九族為不相值矣若緣三及九則三九不異設使高祖喪玄孫死亦應不得為昏禮何不言九族之不虞也以此知九族皆外親有服而異族者也

右據

親族

九族

克明俊德以親九族能明俊德之士任用之以睦高祖玄孫之親○九族上自高祖下至玄孫凡九族馬鄭同九族既睦平章百姓既已也百姓百官言化九族而平和章明百姓昭明協和萬邦黎民於變時雍昭亦明也協合黎衆時是雍和也言天下衆民皆變化化上是以風俗大和○黎力兮反

疏 克明至時雍○正義曰言堯能名聞廣遠由其委任賢哲故復陳之言堯之為君也能尊明俊德之上使之助己施化以此賢臣之化先合親其九族之親九族蒙化已親睦矣又使之和協顯明於百官之族姓百姓蒙化皆有禮儀昭然而明顯矣又使之合會調和天下之萬國其萬國之衆人於是變化從上是以風俗大和能使九族敦睦百姓顯明萬邦和睦是安天下之當安者也○傳能明至之親○正義曰鄭玄云俊德賢才兼人者然則俊德謂有德又能明俊德之士者謂命為大官賜之厚祿用其才智使之高顯也以其有德故任用之以此賢臣之化親睦高祖玄孫之親上至高祖下及玄孫是為九族同出高曾皆當親之故言之親也禮記喪服小記云親親以三為五以五為九又異義夏侯歐陽等以為九族者父族四母族三妻族二皆據異姓有服鄭玄駁云異姓之服不過緦麻言不廢昏又昏禮請期云惟是三族之不虞恐其廢昏明非外族也是鄭與孔同

偽依孔之說甚白當九族說正義

漢代儒者說九族有二案禮戴及尚書緯歐陽說九族乃異姓有屬者父族四母族三妻族二古尚書說九族從高祖至玄孫凡九族堯典云以親九族傳云以睦高祖玄孫之親則此言九族亦謂高祖玄孫之親也謂萬邦惟懷賓歸之九族乃離賓離之聖賢設言為戒咎辭頗甚父子之間便以志滿相棄此言九族以為外姓九族有屬文更也

宗族

飫燕

朔言九族

王与族人燕

儐爾籩豆飲酒之飫儐陳飫私也不脫屨升堂謂之飫箋云私者圖非常之事若議大疑於堂則有飫禮焉聽朝爲公。儐賓胥反飫於慮反朝直遙反兄弟既具和樂且孺九族會曰和孺屬也王與親戚燕則尚毛箋云九族從已上至高祖下及玄孫之親也屬者以昭穆相次序。樂音洛下皆同孺本亦作臑如具反疏儐爾至且孺。正義曰上章已來說兄弟宜相親故此章言王者親宗族也王有大疑非常之事與宗族私議而圖之其時則陳列爾王之籩豆爲飲酒之飫禮以聚兄弟宗族爲好焉爲此飫及燕禮之時兄弟既已具集矣九族會聚和而甚忻樂且復骨肉相親屬也言由王親宗族故宗族亦自相親也。傳飫私至之飫。正義曰飫私釋言文孫炎曰飫非公朝私飲酒也周語有王公立飫又曰立成禮烝而已飫既爲私不在公朝在路門內也酒肉所陳不宜在庭則在堂矣燕禮云皆脫屨乃升堂少儀云堂上無跣燕則有之是燕由坐而脫屨明飫立則不脫矣故云不脫屨升堂謂之飫。箋私者至爲公。正義曰此解飫爲私之意也以私在路寢堂上故謂之私若聽朝則爲公事對公故言私也知飫禮爲圖非常議大疑者以周語云王公之有飫禮將以講事成禮建大德昭大物言講事昭物是有所謀矣明圖非常議大疑而爲飫禮也周語曰王公立飫則有房烝親戚燕饗則有殽烝又曰飫以顯物燕以合好則飫燕禮異序曰燕兄弟此陳飫者圖非常議大疑乃有飫禮則飫大於燕燕亦是王於族親之禮故陳之示親親也飫禮議其大疑則婦人不與立以成禮則不必和樂下章云妻子合好此傳曰王與族人燕則尚毛以此詩飫燕雜陳故下箋云王與族人燕則宗婦內宗之屬亦從后於房中是此章之中兼燕禮矣上二句爲飫下二句爲燕飫陳籩豆燕言兄弟互以相兼也。傳孺屬至尚毛。正義曰孺屬釋言文李巡曰孺骨肉相親屬也中庸曰燕毛以所序齒文王世子曰公與族人燕則以齒而孝悌之道達矣王與宗族之人燕以毛髮年齒爲次第也司儀曰王燕則諸侯毛亦謂同姓諸侯也故彼注云謂以髮鬢爲坐朝事尊尊尚爵燕則親親尚齒云親親是燕同姓明矣妻子好合如鼓瑟琴箋云好合至意合也合者如鼓瑟琴之聲相應和也王與族人燕則宗婦內宗之屬亦從后於房中。好呼報反應對之應和胡臥反兄弟既翕和樂且湛翕合也。翕許急反湛荅南反又作耽韓詩云樂之甚也疏妻子至且湛。正義曰上章並陳飫燕之禮此又論內外之歡也王與族人燕於堂上則后與宗婦燕於房中王之族人見王燕其宗族知王親之皆傚王親親與其妻子自相和好志意合和如鼓瑟琴相應和於時兄弟既會聚矣其族人非直內和妻子又九族和好忻樂而且湛又以盡歡也。箋王與至房中。正義曰此解天子自燕宗族兄弟所以得致妻子好合之意以其王與族人燕則宗婦內宗之屬亦從后於房中而燕故有妻子也宗婦者謂同宗與大夫之妻也內宗者同宗之內女嫁於卿大夫者春秋莊二十四年夫人姜氏入大夫宗婦覿用幣謂之宗婦明是宗族之婦也故賈杜皆云宗婦同姓大夫之婦襄二年傳曰葬齊姜齊侯使諸姜宗婦來會葬諸姜謂齊同

十三經注疏　詩九之二　小雅　鹿鳴之什　八一

十三經注疏

姓之女宗婦謂齊同姓之婦是同姓大夫之婦名爲宗婦也周禮春官序官云內宗凡內女之有爵者注云內女王同姓之女謂之內宗有爵其嫁於大夫及士者是王同姓之女名爲內宗也天子燕宗族之禮亡所以知王與族人燕則宗婦內宗從后者湛露曰厭厭夜飲不醉無歸傳曰夜飲私燕也宗子將有事族人皆入侍不醉而出是不親也醉而不出是渫宗也箋云天子燕諸侯之禮亡此假宗子與族人燕爲說耳然則天子燕同姓諸侯之禮猶宗子燕族人則天子燕宗族兄弟爲朝廷臣者如宗子於族人可知案特牲饋食禮祭末乃曰徹庶羞設於西序下注云爲將餕去之庶羞主爲尸非神饌也尚書傳曰宗室有事族人皆侍終日大宗已侍於賓奠然後燕私燕私者何也已而與族人飲也此徹庶羞置西序下者爲將以燕飲與然則自尸祝至於兄弟之庶羞宗子與族人燕飲於堂內賓宗婦之庶羞主婦以燕飲於房也鄭以彼特牲是宗子之祭禮族人及族婦皆助故經云宗婦執兩籩宗婦贊豆是宗婦及族人俱助宗子之祭及至末族人既爲宗子所燕明宗婦亦主婦燕之可知也且上文庶羞尸祝兄弟之等男子有庶羞宗婦及內賓婦人亦有庶羞今直云徹庶羞明二者俱徹二者俱燕也故云祝至於兄弟之庶羞宗子以與族人燕飲於堂內賓宗婦之庶羞主婦以與燕飲於房中也曲禮曰男女不雜坐謂男子在堂上女子在房故族人在堂室婦在房也宗婦得與於燕明內宗亦與其中可知宗子之禮既然故知天子燕族人之禮亦然故云王與族人燕則宗婦內宗之屬亦從后於房中此證妻子止當言宗婦并言內宗者內宗宗婦之類因言之此后燕及妻而連言子者此說族人室家和好其子長者從王在堂孩稚或從母亦在兼言焉

宜爾家室樂爾妻帑帑子也箋云族人和則得保樂其家中之大小○帑依字吐蕩反經典通爲妻孥字今讀音孥也

是究是圖亶其然乎究深圖謀亶信也箋云女深謀之信其如是○亶都但反

親族

掌三族之別以辨親疏其正室皆謂之門子掌其政令三族謂父子孫人屬之正名喪服小記曰親親以三爲五以五爲九正室適子也將代父當門者也政令謂役守之事○適丁歷反

疏掌三至政令○釋曰此三族謂父子孫一本而言推此而往其中則兼九族矣云辨親疏者據已上至高祖下至玄孫傍至緦麻重服者則親輕服者則疏也云正室皆謂之門子者還據九族之內但是適子正體主皆是正室亦謂之門子○注三族至之事○釋曰云三族謂父子孫者此據已上親父下親孫是父子孫此即親親以三是也云以三爲五者謂此父子孫之三以父親祖以子親孫則五也云以五爲九者謂以祖親曾高以孫親曾玄即是以五爲九也若然不言以五爲七乃云以五爲九者齊衰三月章云爲曾祖鄭注云服之數盡於五則高祖宜緦麻曾祖宜小功也據祖期則曾祖宜大功高祖宜小功也高祖曾祖皆有小功之差則曾孫玄孫爲之服同也重其衰麻尊尊也減其日月恩殺也以此而言曾祖高祖服同齊衰三月則爲曾孫玄孫服同緦麻三月以尊卑服同故經云以五爲九不須言以五爲七也云政令役守之事者案諸子職云掌國子之倅若有甲兵之事致於大子惟所用之是其役事案宮伯職云掌士庶子又有八次八舍宿衞之事是其守之事故揔云政令役守之事也

三族—父子孫

親親以三—以三爲五
以五爲九

門子

小宗伯

親族

18

族

七族

鄒陽說畢于荆軻沈七族上句隱

親族

三族

請期曰吾子有賜命某既申受命矣惟是三族之不虞使某也請吉日

三族謂父昆弟己昆弟子昆弟虞度也不億度謂卒有死喪此三族者己及子皆為服期期服則踰年欲及今之吉也雜記曰大功之末可以冠子嫁子

疏 請期至吉日○釋曰云某既申受命矣者申重也謂前納采已後每度重受主人之命也云惟是三族之不虞使某也請吉日者今將成昏須及吉時但吉凶不相干若值凶不得行吉禮故云惟是三族死生不可億度之事若值死時則不得娶及今吉時使某請吉日以成昏禮也○注三族至嫁子○釋曰鄭知三族是父己子三者之昆弟者若大功之喪服內不廢成禮若期親內則廢故舉合廢者而言以其父昆弟則伯叔及伯叔母己昆弟則己之親兄弟子昆弟則己之適子庶子者皆己之齊衰期服之內親故三族據三者之昆弟也引雜記者見大功小功之末既葬則可以嫁子娶妻經曰三族不據之矣今據父之昆弟期於子小功不得與子娶妻若於子期於父小功亦不得娶妻知今皆據壻之父而言若然己父昆弟於子為小功而言此三族者己與子皆為服期者亦據大判而言耳

宗法

（宗族）

子我盟諸陳於陳宗失陳逆懼其反爲患故盟之疏盟諸陳於陳宗○正義曰陳宗陳氏宗主謂陳成子也盡集陳氏宗族就成子家盟也初陳豹欲爲子我臣豹亦陳氏族使公孫言己言己介達之○介音界媒介也亦因也已有喪而止既而言之既終喪也曰有陳豹者長而上僂肩背僂○長如字又丁丈反僂力主反望視目望陽事君子必得志得君子意欲爲子臣吾憚其爲人也恐多詐故緩以告子我曰何害是其在我也使爲臣○他日與之言政說遂有寵謂之曰我盡逐陳氏而立女若何對曰我遠於陳氏矣言已疏遠○說音悅女音汝遠如字又于萬反且其違者不過數人違不從也○數所注反何盡逐焉遂告陳氏子行曰彼得君弗先必禍子子行舍於公宮子行逃而隱於陳氏今又隱於公宮夏五月壬申成子兄弟四乘如公成子之兄弟昭子莊簡子齒宣子夷穆子安廩丘子意茲芒子盈惠子得凡八人二人共一乘○廩力甚反芒音亡疏注成子至一乘○正義曰案世本僖子生昭子莊簡子齒宣子其夷穆子安廩丘子醫茲芒子盈惠子得子我在幄幄帳也聽政之處○幄於角反處昌慮反出逆之遂入閉門閉門不納子我侍人禦之子我侍人○禦本亦作御魚呂反子行殺侍人子行本在內故得殺人公與婦人飲酒于檀臺成子遷諸寢徙公使居正寢○檀大丹反公執戈將擊之疑其欲作亂大史子餘曰非不利也將除害也言將爲公除害○大音泰除直慮反下文逆爲余請下注爲公同成子出舍于庫以公怒故聞公猶怒將出曰何所無君子行抽劍曰需事之賊也言需疑則害事○需音須誰非陳宗言陳氏宗族衆多疏誰非陳宗○正義曰子行稱國內之人誰非陳宗言陳氏宗族衆多力足成事何爲長子我欲出奔所不殺子者有如陳宗言子若欲出我必殺子明如陳宗疏所不至陳宗○正義曰子行慮其必出故以殺子懼之陳宗謂陳之先人此稱有如陳宗由定六年孟懿子謂范獻子曰所不以陽虎爲中軍司馬者有如先君彼注云稱先君以[illegible][illegible]言此亦然也服虔云陳宗先祖鬼神也○

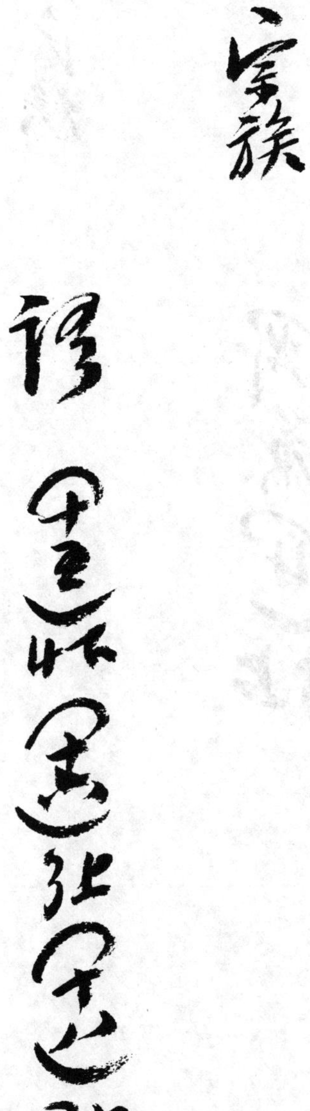
宗族

民族

國家遷徙

親族

父之父以上皆稱祖 太祖妣仿此

請書氏序號

同姓之子當先存其名

請同姓從兄名可以號之

宗子

女（嫁）

祖廟已未毀教于公宮、宗室、大宗之家

小宗者乃（總祖禰曾高）五代皆遷

祖廟未毀教于公宮三月若祖廟已毀則教于宗室祖廟女高祖爲君者之廟也以有緦麻之親就尊者之宮教以婦德婦言婦容婦功宗室大宗之家疏祖廟至宗室○注祖廟至之家○釋曰此謂諸侯同族之女將嫁之前教成之法經直云祖廟鄭知女高祖爲君者之廟也以有緦麻之親者以其諸侯立五廟大祖之廟不毀親廟四以次毀之經云未毀與已毀是據高祖之廟而言故云祖廟女高祖爲君者之廟也共承高祖是四世緦麻之親若三世共曾祖曾祖小功之親若共祖大功之親若共禰廟是齊衰之親則皆教於公宮今直言緦麻者舉最疏而言親者自然教於公宮可知也云教以婦德婦言婦容婦功者皆義文鄭彼注云婦德貞順也婦言辭令也婦容婉娩也婦功絲麻也云宗室大宗之家者案喪服小記繼別爲宗謂別子之世適長子族人來宗事之者謂之宗者收族者也高祖之廟既毀與君絶服者則皆於大宗之家教之又小宗有四或繼祖或繼禰或繼曾祖或繼高祖此等至五代皆遷不就之教者小宗卑故也

士昏禮（儀禮）

六

民族

唐書宰相世系說曰今之姓氏皆云出帝王後世無民耶說曰古者民無姓名姓者皆自王者得者也其餘民居於侯之國者以於侯之姓為姓居於天子之帝地者以於天子之姓為姓莫可分辨故云皆出帝王也

族制

家族與更大集團之內在衝突

解放婦女兒童奴隸

族制

氏族之義

初期 狩獵之始

親族全盛 定居之始 將男方入而從平等社會之

過程以後 財富之始 男子個人主義起 氏族崩潰

貿易起分化

年需將全時間生產維持生命之必需品 只剩餘之力少

物 財富即力 个人因此努力 少數男子爲此

男子益耕種以獵成攻戰

貿易旅行航海發見 最初貨幣起

增屬男 此等男子不予女之家中之男子共享此等物而私

財起

此等男子發明務婚為買賣婚 自由風行于全社會

有關書所以使財產繼續之子孫世見之家族論一八七五

今之吾以起 不肯以財產分與氏族 乃不要氏族而建家庭

且私有屬于氏族之地 妻子亦為氏族所縱

族制

女系氏族中男子財產

不与子与母系最近親屬

族制

集子孫分裂

一 女子結婚即加入夫家 若至某村者理不成兩無子孫

族制

家庭之始

非愛情 起經濟需要 兩性分工 劫掠 侵暴

即女子之守節與奴役 女成奴其所生財自亦成奴主之權

之始

族制

原始时代之集团有何情形

不能与他集团接触　而隔绝之　语言学告人与邻人初

如蟻狗

本同族　一切之群在动物　动物之群以外同类皆敌视猿象

始如同书　性情习性使象尾巴之生　见宗族论六十六页

族制

年齡階層

只以此計算全不管個人家世 祖父母 父母子女 等於零

老 壯 幼 嬰兒等乎 決無他義 及成年人視其父母

與老男老女同義 家族論 四八頁

附

親族年輩集團只知其分子在社會的地位而不含其親子義（如各部包含若干家）

庭的社會具因此可想像其與家庭為直相等

屬人人自一關係 為村落生存所以敦其合作之紀律

親族

九族中今大義

為古族一支所始

僅以親九族哉

親族

補正爾雅釋親宗族巢經巢經說

氏族

楊雄之楊从木

說文句讀敘云

門侍郎楊雄句

氏族

綦毋隨而化綦毋非綦毋

葉經棠法說

綦毋邃孟子注

民族

詔於文以字爲氏以子氏於祖謚非

賓東來是齋經

義二以字爲謚辨

氏族

族与氏不同，惟散言則氏即族，姓亦稱氏。

實事求是齋經義二 以字為謚辨

姓氏

閻印庸 計古微三鄉郎

謝芳別齋上

繼統

一 天子諸侯繼統者不論世次大夫士各以族之支子

實事求是齋經義二

鑄儒子說 仲蜚齋說

天倫
情誼之

兄弟相攻

從訓詁家說自讀文之一

兄弟鬩牆異昭穆者

宗法之所自出非衍文辨

實事求是齋經義一

宗比一四小宗辨

實事求是齋經義一

宗法

為人後者于父母昆弟姊妹不隨所後而改稱於宋
議稱濮王為皇伯明議稱獻王為皇叔考均
於禮悖　實事求是齊稱伯叔一敗陵
氏于人弟婦為其昆弟說

宗法

封建祖与禰繼

實事求是以仁

附録二

族制

二家庭大小

游牧民族　兩代以上居者少大支

以其居止無定之力移之　民族或氏族集團不顯　共同守

時偶聯合去輒解

統治階級家庭甚大　家多子孫　僕役（且多技術人才）亦合居

料及制作皆在家庭内　田地由奴隸耕　然其時亦

只是管分只供帮已

務剛

家庭教育為現代進步的門衛 聯合家庭必及範圍擴廣之人類心靈 對象民族時代一切文化皆人類關係之表見 關係至學術文化亦至義

氏族

女系

埃及古帝王墓刻母名父不見　古希臘以長女爲兒童之保護者

大家族

謂不僅兩代，東亞中國常言之、代以多上父母也

東亞來小家庭今亦樹破 一由家庭單位變為個人單位也 二由崇拜祖宗變為尊重個性也 三由家庭經濟變為工場經濟也 四由家長權力代以國家權力也 五由家庭教育代以學校教育也 六由兒童私育代以兒童公育也

宗族

氏族之微

推廣救恤入家族中　政治責任入國家中

族制

家族将亡

入学校往家時反減所受教育不同　求入託児所

以子職業不相継　或教育不同意見互異

家内服役材努約罗係

無宗拜祖先之心

無鄰誼　五方雜處　甚棄其郷

娛樂在公共場所

無居宅

疾急不相救得包親　老病孤寡殘廢不能相顧以保險皆

戚　賴公共

族制

原始無家族

高等脊椎動物家族形態(一)一夫一妻(二)一夫多妻因雄之嫉妒、稱、高級靡居形態不外此兩種孤後 人無防衛能力 設如韋士特馬克說如大猩猩、黑猩猩、、一夫一婦則不能生存 類人猿乃旁支非人祖先已系彼實在最古之上不能由其家族形態以推人 古集團婚無嫉妒餘地 何一妻多夫尤動物所無 家團形產起原

七月の十

民族下家族不為單位夫與妻異族故

族制

氏族非真血统

可因人口减少大批收异族人为养子

〔宗族〕

漢陽諸姬，楚實盡之 左僖廿八 諸姬是棄，其謂揚之 叢光

公族，公室之枝葉也 左文七 公室將卑，其宗族枝葉先落 昭三

棄官則族無所庇，雖亡子猶不亡族 左文十六

晉以卿之適子、餘子、庶子為公族、餘子、公行 趙括為公族 宣二 知裕 魏錡求公族未得 宣十二 使郤為公族大夫

同姓、同宗、同族 左襄十二

五大不在邊，五細不在庭，親不在外，羈不在內 左昭十一

親族

外宗內宗

雜記下 外宗爲君夫人猶內宗也 注 外宗謂姑姊妹之女舅之女宋本無及字從母皆是也內宗五族之女也

春官內宗凡內女之有爵者 注 內女王同姓之女謂之內宗

外宗凡外女之有爵者 注 外女王諸姑姊妹之女謂之外宗

氏族

七穆

見左襄廿六

氏族

以王叔之叔為氏

古文之王抻根之疏

宗族

曰祛袂也重耳遂奔翟使人伐屈屈城守不可下是歲也晉復假道於虞以伐虢虞之大夫宮之奇諫虞君曰晉不可假道也是且滅虞虞君曰晉我同姓不宜伐我宮之奇曰太伯虞仲太王之子也太伯亡去是以不嗣虢仲虢叔王季之子也爲文王卿士其記勳在王室藏於盟府集解杜預曰盟府司盟之官也將虢是滅何愛于虞且虞之親能親於桓莊之族乎桓莊之族何罪盡滅之虞之與虢脣之與齒脣亡則齒寒虞公不聽遂許晉宮之奇以其族去虞其冬晉滅虢虢公醜奔周集解

也○無駭卒羽父請謚與族公問族於衆仲衆仲對曰天子建德立有德以為諸侯因生以賜姓因其所由生以賜姓謂若舜由嬀汭故陳爲嬀姓。汭如鋭反【疏】注因其至嬀姓。正義曰陳世家云陳胡公滿者虞帝舜之後也昔舜爲庶人時居于嬀汭其後因爲氏姓姓嬀氏武王克殷得嬀滿封之於陳是舜由嬀汭故陳爲嬀姓也案世本帝舜姚姓哀元年傳稱虞思妻少康以二姚是自舜以下猶姓姚也昭八年傳曰及胡公不淫故周賜之姓是胡公始姓嬀耳史記以爲胡公之前已姓嬀非也胙○之土而命之氏報之以土而命氏曰陳。胙才故反報也【疏】注報之至曰陳。正義曰胙訓報也有德之人必有美報報之以土謂封之以國名以爲之氏諸侯之氏則國名是也周語曰帝嘉禹德賜姓曰姒氏曰有夏胙四岳國賜姓曰姜氏曰有呂亦與賜姓曰嬀命氏曰陳其事同也姓者生也以此爲祖令之相生雖下及百世而此姓不改族者屬也與其子孫共相連屬其旁支別屬則各自立氏禮記大傳曰繫之以姓而弗別百世而昏姻不通者周道然也是言子孫當共姓也其上文云庶姓別於上而戚單於下是言子孫當別氏也氏猶家也傳稱盟于子晳氏逐瘈狗入於華臣氏如此之類皆謂家爲氏氏族一也所從言之異耳釋例曰別而稱之謂之氏合而言之則曰族例言別合者若宋之華元華喜皆出戴公向魚鱗蕩共出桓公獨舉其人則云華氏向氏并指其宗則云戴族桓族是其別合之異也○記謂之庶姓者以始祖爲正姓高祖爲庶姓亦氏族之別名也姓則受之於天子族則稟之於時君天下之廣兆民之衆非君所賜皆有族者人君之賜姓賜族爲此姓此族之始祖耳其不賜者各從父之姓族非復人人賜也晉語稱黃帝之子二十五人其得姓者十二人天子之子尚不得姓况餘人哉固當從其父耳黃帝之子兄弟異姓周之子孫皆姓姬者古今不同質文代革周代尚文欲令子孫相親故不使別姓其賜姓者亦少唯外姓嬀滿之徒耳賜族者有大功德宜世享祀者方始賜之無大功德任其興衰者則不賜之不賜之者公之同姓蓋亦自氏祖字其異姓則有舊族可稱不世其祿不須賜也衆仲以天子得封建諸侯故云胙土命氏據諸侯言耳其王朝大夫不封爲國君者亦當王賜之族何則春秋之世有尹氏武氏之徒明亦天子賜之與諸侯之臣義無異也此無駭是卿羽父爲之請族蓋爲卿乃賜族大夫以下或不賜也諸侯之臣卿爲其極既登極位理合建家若其父祖微賤此人新升爲卿以其位絕等倫其族不復因故身未被賜無族可稱魯挾鄭宛皆未賜族故單稱名也或身以才舉者升卿位功德猶薄未足立家則雖爲卿竟不賜族羽父爲無駭請族知其皆由時命非例得之也華督生立華氏知其恐慮不得故早求之也由此而言明有竟無族者魯之翬挾柔溺名見於經而其後無聞是或不得族也其士會之帑處秦者爲劉氏伍員之子在齊爲王孫氏外傳稱知果知知伯之將滅自別其族爲輔氏如此之類皆是身自爲之非復君賜釋例曰子孫繁衍枝布葉分始承其本末取其別故其流至於百姓萬姓其言自有百姓萬姓未必皆君賜也晉語稱炎帝姓姜則伯夷炎帝之後姜自是其本姓而云賜姓曰姜者黃帝之後別姓非一自以姜姓賜伯夷更使爲一姓之祖耳非復因舊姓也猶后稷別姓姬不是因黃帝姓也諸侯以字諸侯位卑不得賜姓故其臣因氏其王父字爲謚○因以爲族或使即先人之謚稱以爲族【疏】諸侯至爲族。正義曰杜意諸侯以字言賜先人字爲族也爲謚因以爲族謂賜族雖以先人之字或用先人所爲之謚因將爲族以謚爲族者衛齊惡宋戴惡之類是也而劉君乃稱以謚爲族全無一人妄規杜氏非其義也死後賜族乃是正法春秋之世亦有非禮生賜族者華督是也釋例曰舊說以爲大夫有功德者則生賜族非也至於鄭祭仲爲祭封人後升爲卿經書祭仲以生賜族者檢傳既無同華氏之文則祭者是仲之舊氏也諸侯以字字有二等檀弓曰幼名冠字五十以伯仲周道然也則二十有加冠之字又有伯仲叔季爲長幼之字二者皆可以爲氏𥘸服虔云公之母弟則以長幼爲氏貴適統伯仲叔季是也庶公子則以配字爲氏尊公族展氏臧氏是也案鄭子人者鄭厲公之弟桓十四年鄭伯使其弟語來盟即其人也而其後爲子人氏不以仲叔爲氏則服言公之母弟以長幼爲氏其事未必然也杜以慶父叔牙與莊公異母自然仲叔非母弟族矣其或以二十之字或以長幼之字蓋出自時君之命也叔肸稱叔不稱孫而三桓皆稱孫俱氏長幼之字自不同也臧氏稱孫展氏不稱孫俱氏二十之字自不同也然則稱孫與不稱孫蓋出其家之意未必由君賜也以字爲族者謂公之曾孫以王父之字爲族也諸侯之子稱公子公子之子稱公孫公子公孫繫公之常言非族也其或貶責則亦與族同成十四年叔孫僑如如齊逆女傳曰稱族尊君命也僑如以夫人婦姜氏至自齊傳曰舍族尊夫人也宣元年公子遂如齊逆女遂以夫人至事與僑如正同其傳直云尊君命尊夫人不言稱族舍族既非氏族則不待君賜自稱之矣至於公孫之子不復得稱公曾孫如無駭之輩直以名行及其死也則賜之族以其王父之字爲族也此無駭是公之曾孫公之曾孫必須有族故據曾孫爲文言以王父字耳公之曾孫正法死後賜族亦有未死則有族者則叔孫得臣是也公子公孫於身必無賜族之理經書季友仲遂叔肸者皆是以字配名連言之故杜注並云字也其蕩伯姬者公子蕩之妻不可言公子伯姬故繫於夫字言蕩伯姬蕩非當時之氏其傳云立叔孫氏臧僖伯臧哀伯叔孫戴伯之徒皆傳家據後追言之耳其公孫彄世本以爲靈公之子字公孟名彄與季友仲遂相似俱以字配名劉炫不達此旨妄規杜過非也必如劉解生賜族之文證在何處其公之曾孫玄孫以外爰及異姓有新升爲卿君賜之族蓋以此卿之字即爲此族案世本宋督是戴公之孫好父說之子華父是督之字計督是公孫耳未合賜族應死後其子乃賜族故杜云督未死而賜族督之妄也沈亦云督之子方可有族耳

官有世功則有官族邑

亦如之謂取其舊官舊邑之稱以爲族皆稟之時君。稱尺證反 疏 注謂取至時君正義曰舊官謂若晉之士氏舊邑若韓魏趙氏非是君賜則不得爲族嫌其居官邑不待公命故云皆稟之時君此謂同姓異姓皆然也服虔亦謂異姓又引宋司城韓魏爲證韓與司城非異姓司城又自爲樂氏不以司城爲族也

公命以字爲展氏諸侯之子稱公子公子之子稱公孫公孫之子以王父字爲氏無駭公子展之孫故爲展氏

氏族

生賜族

○三月壬申公子季友卒

無傳稱字者貴之公與小斂故書日。與音預斂力驗反公與小斂本亦公與斂

疏注稱字至書日。正義曰季是其字友是其名猶如仲遂叔肸之類皆名字雙舉劉炫以季爲氏而規杜過非也炫云季友仲遂皆生賜族非字也

僖十六

〇十二月北宮文子相衞襄公以如楚宋之盟故也過鄭印

民族

段廷勞于棐林如聘禮而以勞辭文子入聘子羽爲行人馮簡子與子大叔逆客事畢而出言於衞侯曰鄭有禮其數世之福也其無大國之討乎詩曰誰能執熱逝不以濯禮之於政如熱之有濯也濯以救熱何患之有子產之從政也擇能而使之馮簡子能斷大事子大叔美秀而文公孫揮能知四國之爲而辨於其大夫之族姓班位貴賤能否而又善爲辭令裨諶能謀謀於野則獲謀於邑則否鄭國將有諸侯之事子產乃問四國之爲於子羽且使多爲辭令與裨諶乘以適野使謀可否而告馮簡子使斷之事成乃授子大叔使行之以應對賓客是以鮮有敗事北宮文子所謂

釋族

公路 公行 公族

汾沮洳 陳奐曰公路謂路車也 箋公路主君之軞車庶

子爲之晉趙盾爲軞車之族是也

○正義曰公路與公行一也以其主君路車謂之公路主兵車之行列者則謂之公行正是一官也宣二年左傳云晉成公立乃宦卿之適以爲公族又宦其餘子亦爲餘子其庶子爲公行趙盾請以括爲公族公許之冬趙盾爲軞車之族是其事也趙盾自以爲庶子讓公族而爲公行言爲軞車之族明公行掌軞車服虔云軞車戎車之倅杜預云公行之官是也其公族則適子爲之掌君宗族成十八年左傳曰晉荀會欒黶韓無忌爲公族大夫使訓卿之子弟恭儉孝悌是公族主君之同姓故下箋云公族主君同姓昭穆是也傳有公族餘子公行此有公路公行公族知公路非餘子者餘子自掌餘子之政不掌公車不得謂之公路明公路即公行變文以韻句耳此公族公行諸侯之官故魏晉有之天子則巾車掌王之五路車僕掌戎車之倅周禮六官皆無公族公行之官是天子諸侯異禮也○彼汾一方言采其桑○箋云采桑親蠶事也○彼其之子美如英○萬人爲英○美如英殊異乎公行○公行從公之行箋云從公之行者主君兵車之行列○行戶郎反注同

陳奐曰公族 傳公族公屬 箋公族主君同姓昭

穆也

[illegible]

諸子主公卿大夫士之子　或曰庶子—是即周子之

倅副太子司馬所征

注倅—倅之事任材—之學

王子爲適庶得在學　諸侯以下庶子不得在學

周禮言古代之學兼大學成學言學則以爲代之學

諸子下大夫二人中士四人府二人史二人胥二人徒二十人諸子主公卿大夫士之子者或曰庶子疏注諸子至庶子。釋曰在此者按其職云若有甲兵之事則授之車甲故亦在此也鄭云諸子主公卿大夫士之子者按其職云掌國子之倅倅副代父者是公卿大夫士之適子皆是倅故鄭歷言之云或曰庶子者按禮記燕義稱此諸子爲庶子故言或曰以其燕禮有庶子執燭之事彼稱諸子謂之庶子故燕義兼說天子諸子之事諸庶爲一皆掌公卿大夫士之適故通謂之庶子也

諸子掌國子之倅掌其戒令與其教治辨其等正其位故書倅爲卒鄭司農云卒讀如物有副倅之倅國子謂諸侯卿大夫士之子也燕義曰古者周天子之官有庶子官與周官諸子職同文玄謂四民之業而士者亦世焉國子者是公卿大夫士之副貳戒令致於大子之事教治脩德學道也位朝位。倅七內反治直吏反注同大子音泰下注同疏諸子至其位。釋曰云掌國子之倅者倅謂副代父則國子爲副代父者也。注故書至朝位。釋曰先鄭云國子謂諸侯卿大夫士之子也者云王大子王子羣后之大子卿大夫元士之適子皆造焉則王大子王子亦曰國子不言者彼不據諸子職而言故含有王大子王子亦以四術成之故文王世子成王猶在學學君臣父子長幼之禮也此據諸子主國子致與天子使用故不得適王大子王子也引燕義云古者周天子之官有庶子官與周官諸子職同文者彼燕義本釋燕禮之事但燕禮有庶子執燭及獻庶子之文更不見餘義故記人欲釋燕禮庶子之義故取天子諸子職解庶子諸庶俱訓爲衆天子之諸子諸侯之庶子皆掌卿大夫士之適子適子衆多故云諸或言庶諸庶通名故天子諸子爲庶子也玄謂四民之業而士者亦世焉者此齊語桓公謂管仲曰成民之事若何管仲對曰民無使雜處公曰處士農工商若何管仲曰昔者聖王之處士就閑燕處工就官府處商就市井處農就田野少而習焉其心安焉桓公曰士之子恒爲士農之子恒爲農工之子

恒爲工商之子恒爲商是四民之業爲世也引之者見士之子亦入倅包也按王制大夫不世今亦有倅入世者以大夫有功德亦得世故詩云凡周之士不顯亦世也云國子者是公卿大夫士之副貳者增成先鄭義云戒令致於大子之事者即下文是也云教治脩德學道也者云教故知脩德學道也經云辨其等謂才藝高下等級也國子所學道德即師氏職三德三行并保氏六藝者是也云位朝位者謂朝天子時依父蔭高下爲列也

國有大事則帥國子而致於大子惟所用之若有兵甲之事則授之車甲合其卒伍置其有司以軍法治之司馬弗正軍法百人爲卒五人爲伍弗不也國子屬太子司馬雖有軍事不賦之。卒子忽反前後注及下皆同正音征下國正同

疏國有至弗正。釋曰云大事下有兵甲之事則此大事謂祭祀也故左氏傳云國之大事在祀與戎此經二事當之也。注軍法至賦之。釋曰軍法從五人爲伍至萬二千五百人爲軍有六節今注直云百人與五人畧舉之耳云不賦之解經正爲賦稅謂不賦田稅泉稅者也

凡國正弗及

疏凡國至弗及。釋曰上文云弗正謂兵賦此云國正謂鄉遂之中所有甸徒力征之等並不及也

大祭祀正六牲之體正謂禮裁之

疏注正謂禮載之。釋曰按特牲少牢移鼎入陳即有一人鼎中匕出牲體一人在鼎西北面載之於俎既言正六牲之體明是此二事也

凡樂事正舞位授舞器位佾處

疏注位佾處。釋曰云凡樂事者則諸作樂有舞之處皆使正舞人入八八六十四人之位并授舞者之器文舞則授羽籥武舞授干鍼之等云位佾處者即謂天子八佾諸公六佾諸侯四佾之等也

大喪正羣子之服位會同賓客作羣子從從於王

疏注從於王。釋曰云大喪正羣子之服位者位謂在殯宮外內哭位也正其服者公卿大夫之子爲王斬衰與父同故雜記大夫之子得行大夫禮故也云會同賓客作羣子從者作使也使國子從王也

凡國之政事國子存遊倅使之脩德學道春合諸學秋合諸射以攷其藝而進退之遊倅之未仕者學大學也射射宮也王制曰春秋教以禮樂冬夏教以詩書王太子王子羣后之太子卿大夫元士之適子國之俊選皆造焉。適丁歷反

疏凡國至退之。釋曰云凡國之政事者謂國內有繇役之事皆是也云國子存遊倅使之脩德學道者謂國有事時此國子存遊暇無事之倅中使之脩德學道二事也云春合諸學者謂於大學之中使之學也云秋合諸射者使在射宮習射也云以考其藝者考較才藝長短云而進退之者才藝長進與官爵才藝短者退之使更服膺受業也。注遊倅至造焉。釋曰倅是副代已是未在仕復云游游是游暇亦是未仕之稱云學大學也者周禮若言異代之學則舉其學名即成均瞽宗之類今此直言學明是周之大學也周禮云大學在國中即夏后氏東序在王宮之左也云射射宮也者射義云已射於澤然後射於射宮射宮即國之小學在西郊則虞庠是也王制曰春秋教以禮樂冬夏教以詩書者按彼鄭注云春夏陽也詩樂者聲聲亦陽也秋冬陰也書禮者事事亦陰也因時順氣於功易成也云王太子王子羣后之太子卿大夫元士之適子國之俊選皆造焉者若王之子得適庶俱在學若羣后畿內諸侯已下則庶子賤不得在學故皆云適子也引之者證貴賤皆在教科也

先鞫

大辟　小辟

未服于大辟者東西之吉

庶子之正於公族者教之以孝弟睦友子愛明父子之義長幼之序正者政也庶子司馬之屬掌國子之倅爲政於公族者○弟大計反倅音七對反副也其朝于公內朝則東面北上臣有貴者以齒內朝路寢庭○朝直遙反後不出者並同其在外朝則以官司士爲之外朝路寢門之外庭司士亦司馬之屬也掌羣臣之班正朝儀之位也其在宗廟之中則如外朝之位宗人授事以爵以官宗人掌禮及宗廟也以爵貴賤異位也以官官各有所掌也若司徒奉牛司馬奉羊司空奉豕

疏庶子至以官○正義曰此一節是第四節中之上節也論庶子之官治理公族朝祭燕食吉凶刑罰之事各隨文解之○注正者至族者○正義曰以經之正字乃是正定之正今案在下皆論公之接待族人及犯罪公之赦宥刑殺皆君之所爲非庶子所正故知庶子唯主其政令而已故讀爲政也庶子司馬之屬掌國子之倅者案周禮諸子下大夫二人屬夏官司馬諸侯謂之庶子職掌與諸子同故周禮序官鄭注云或曰庶子掌國子之倅者倅副也鄭注諸子云國子是公卿大夫士之副貳也言副貳於父也○其朝至以齒○此公族之等若朝於公之內朝內朝謂路寢庭朝也公族內朝則西方東面北上○臣有貴者以齒者皆同姓之臣不得踰越父兄皆以昭穆長幼爲齒謂父兄雖賤而在上子弟雖貴而處下○注內朝至寢庭○正義曰知路寢庭者以下云其在外朝司士爲之案周禮司士掌路寢門外之朝則知此內朝是路寢庭朝也○其在外至爲之○外朝謂路寢門外之朝也若公族在於外朝與異姓同處位次之時則以官之上下不復以年齒也○司士爲之者謂司士之官主爲朝位之次外朝位既司士主之則內朝庶子主之也上文內朝不云庶子爲之者以文承庶子之下主之可知故不言也○注外朝至位也○正義曰以言司士亦司馬之屬也掌羣臣之班正朝儀之位王族故士虎士在路門之右南面大僕從者在路門之左南面是在路門外也故知此外朝路門外之朝也此對路寢庭朝

爲外朝若對庫門外朝朝士所掌三槐九棘之朝則此路門外朝亦爲内朝也故玉藻云朝於内朝朝辨色始入君日出而視之退適路寢是也其朝位天子之朝三公北面東上孤東面北上卿大夫西面北上其士門西東面北上若諸侯之朝案大射卿西面北上大夫北面東上士門西東面北上與天子不同周禮司士屬司馬故云亦司馬之屬司馬掌羣臣之班正朝儀之位皆司士職文○其在至以官○此論同姓公族在宗廟之禮故云其在宗廟之中則如外朝之位也言立位所在如外朝之位也○宗人授事以爵以官者宗人掌禮之官及宗廟授百官之事以爵者隨爵之尊卑貴者在前賤者在後又以官之職掌各供其事○注宗人至奉豕○正義曰言宗人掌禮及宗廟者別言及宗廟則掌禮謂宗廟之外諸禮皆掌也云若司徒奉牛司馬奉羊司空奉豕者以經云以官謂祭祀之時官各司其事更無正文故引司徒奉牛以下證之案周禮司徒奉牛牲司馬奉羊牲其司空奉豕無文此云知奉豕者案周禮雞人屬宗伯羊人屬司馬故此

云司馬奉羊犬人屬司寇案五行傳云牛屬土雞屬木羊屬火犬屬金豕屬水司空冬官其位當水故鄭注周禮司空奉豕與案五行傳馬屬火而周禮司馬羞馬牲者以其主馬故特使供之此注直云奉牛奉羊奉豕者據諸侯三卿以言之故不云雞犬及馬

其登餕獻受爵則以上嗣。 上嗣君之適長子以特牲饋食禮言之受爵謂上嗣舉奠也獻謂舉奠洗爵酌入也餕謂宗人遣舉奠盥祝命之餕也大夫之嗣無此禮辟君也○餕音俊適丁歷反盥音管

疏 正義曰此亦公族廟中之禮論貴適子之事案特牲禮尸食之後主人主婦賓長等獻尸三獻禮畢主人獻賓及獻衆賓畢主人酬賓賓奠不舉主人獻長兄弟及獻衆兄弟內兄弟等訖長兄弟洗觚酌尸爲加爵衆賓長又爲加爵畢嗣子乃舉奠奠者初尸未入之前祝酌奠于鉶南尸入祭奠不飲至此乃嗣子舉之必嗣子舉奠者鄭注特牲云將傳重累之者又云大夫之嗣子不舉奠則此舉奠者天子諸侯及士之子禮特牲云嗣舉奠盥入北面再拜稽首尸執奠嗣子進受復位再拜稽首尸荅拜嗣子卒觶拜尸尸荅拜則此經所謂受爵也特牲又云嗣舉奠洗酌入尸拜受嗣子荅拜則此經所謂獻也特牲又云無筭爵之後禮畢尸謖而出宗人遣嗣子及長兄弟相對而餕所謂餕也以特牲言之則先受爵而後獻獻而後餕今此經先云餕者以餕爲重舉重者從後以嚮先逆言之故云其登餕獻受爵也登謂登堂無事之時嗣子在堂下餕時登堂獻時亦登堂受爵之時亦登堂此一登之文包此三事以經文連於上宗廟之中宗人授事以爵以官謂衆官皆爲其事○則以上嗣○其登餕獻不用衆官唯用上嗣故云則以上嗣案特牲餕時雖有長兄弟以上嗣爲主○注上嗣至君也○正義曰言適長子者是適子之中長也凡適皆可以嗣今云上嗣是嗣中最上云受爵謂上嗣舉奠者以特牲無受爵之文唯有嗣子舉尸之奠爵受而飲之故此經謂之受爵也云獻謂舉奠洗爵酌入也者亦以特牲無嗣獻之文故將此爲獻也舉奠謂嗣子也名此嗣子爲舉奠嗣子既飲尸前爵畢乃更洗爵酌入以進尸此謂士禮若天子諸侯除此酌入之數外子孫別有獻尸故鄭注小雅云天子則有子孫獻尸之禮云大夫之嗣無此禮辟君也者案少牢饋食無嗣子舉奠大夫尊於士而不舉奠故知辟正君也

庶子治之雖有三命不踰父兄 治之治公族之禮也唯於內朝則然其餘會聚之事則與庶姓同一命齒于鄉里再命齒于父族三命不齒不齒者特爲位不在父兄行列中○行戶剛反

其公大

事則以其喪服之精麤爲序雖於公族之喪亦如之以次主人大事謂死喪也其爲君雖皆斬衰序之必以本親也主人主喪者次主人者主人恒在上主人雖有父兄猶不得下齒若公與族燕則異姓爲賓同宗無相賓客之道膳宰爲主人君尊不獻酒公與父兄齒親親也

族食世降一等親者稠疏者希○稠直由反希也疏庶子至父兄○正義曰庶子治之謂治此公族朝於內朝之時也既不計官之大小故雖有三命之貴而列位不得踰越在無爵父兄之上然此句應承第二條前臣有貴者以齒之下其外朝既云司士爲之則內朝自然庶子治之也所以在此者當是簡札遺脫故在此也鄭不言者略耳○注治之至行列中○正義曰治之治公族之禮也唯於內朝則然者鄭恐外朝亦爾故云唯於內朝則然云其餘會聚之事則與庶姓同者其餘謂非內朝則皆並計官也云一命齒于鄉里者引黨正文解三命不踰父兄之事也一命尚卑若與鄉里長宿燕食則猶計年也云再命齒于公族者再命漸尊不復與鄉里計年唯官高在上但父族爲重而猶與之計年爲列也云三命不齒者三命大貴則不復與父族計年若應有燕會則別席獨坐在賓之東也○其公至主人○此謂君喪而庶子官掌之事也大事謂君喪其臣雖皆斬衰其庶子列次之時則以其本服之精麤爲序○衰麤者在前衰精者在後○雖於公族之喪亦如之者言非但公喪如此雖於公族之內有死喪之事相爲亦如之爲死者服麤者居前服精者居後故云亦如之○以次主人者謂雖有庶長父兄尊於主人仍次於主人之下使主人在上爲喪主也○注大事至下齒○正義曰以其經云則以其喪服之精麤故知大事謂死喪也云序之必以本親也者案喪服臣爲君斬衰今言服之精麤爲序故知必以本親服之精麤謂衰服縷布精麤也皇氏云以爲喪服以麤爲精故鄭注雜記云臣爲君三升半微細焉則屬於麤是知斬爲精齊爲麤若如皇氏說緦麻小功爲極麤斬衰爲極精也書傳何處謂斬衰爲精乎但斬衰於麤之外別更稱斬見其哀痛之甚故於齊衰而稱麤也云微細焉則屬於麤者謂得入齊衰之限不復稱斬耳豈謂斬衰細乎皇氏之說非也云主人雖有父兄猶不得下齒者言主喪之人當在於上以爲喪主雖族人父兄尊則主人猶不得在父兄之下而齒列爲○若公至一等○正義曰此明公與族人燕食之禮庶子掌之也則異姓爲賓燕飲必須禮儀獻酬交酢故直立賓以行禮也但公欲與族人相親若使族人爲賓賓禮疏隔故用異姓爲賓也膳宰爲主人者既有其賓賓必對主人而君尊不宜敵賓故使供膳之宰以爲主人對於賓使得抗禮酬酢也若與異姓燕飲則燕禮云宰夫爲獻主故注云君尊不獻酒○公與父兄齒者公既不爲主族人又不爲賓故列位在父兄之坐上與族人相齒見親親也○族食世降一等者族食謂與族人燕食也族人既有親疏燕食亦隨世降殺也○注親者至者希○正義曰假令本是齊衰一年四會食若大功則一年三會食小功則一年二會食緦麻則一年一會食是世降一等也○

其在軍則守於公禰謂從軍者公禰行主也所以遷主言禰在外親也公

若有出疆之政謂朝覲會同也○疆居良反○庶子以公族之無事者守於公宮正室守大廟正室適子也大廟大祖之廟○守如字又手又反下同○諸父守貴宮貴室謂守路寢○守貴室本或作守貴宮貴室諸子諸孫守下宮下室下宮親廟也下室燕寢或言宮或言廟通異語疏其在軍至下宮下室○正義曰此一節明庶子從行在軍及公行庶子留守之事則守於公禰者公禰謂遷主載在齊車隨公行者也庶子官既從在軍故守於公齊車之行主也行主是遷主而呼爲禰者既在國外欲依親親之辭○注謂朝覲會

同也○正義曰上云在軍謂庶子之官從公出行此云公若出疆庶子不從公行在國掌其留守對上在軍故知此出疆是朝覲會同非出軍也其庶子之官公有朝覲會同不從公行既掌留守公宮若征伐出軍庶子不從公行亦是所掌留守之事○注正室至之廟○正義曰經云庶子以公族之無事者守於公宮者與下文爲揔正室守大廟以下文各言其别無事謂不從行及無職事者正室適子也者謂公卿大夫之適子也案公羊傳云周公稱大廟周公是魯之始祖故知其餘諸侯大廟皆大祖之廟也○注謂守路寢○正義曰以下云下宮上云大廟此貴宮貴室既非大廟又非下宮下室唯當路寢也指其院宇謂之宮指其所居之處謂之室爾雅云宮謂之室室謂之宮此貴宮貴室揔據路寢皇氏云或偕本無貴宮者定本有貴宮○注下宮至異語○正義曰上云大廟此云下宮除大廟之外唯有親廟高祖以下故云下宮親廟也上云貴室此又云下室故知燕寢也云或言宮則下宮也或言廟則大廟也故春秋云立武宮明堂位云武公之廟武世室也是通異語也此云諸父及諸子諸孫者未審爲是君之諸父及諸子孫之行爲當是見任卿大夫者之諸父子孫也然鄭解正室適子不云世子則卿大夫之適子則諸父子孫亦謂卿大夫之諸父子孫也不云諸兄諸弟者蓋諸兄從諸父諸弟從子孫也○

五廟之孫祖廟未毁雖爲庶人冠取妻必告死必赴練祥則告越告於君也實四廟孫而言五廟者容顯考爲始封子也○冠古亂反取七喻反後放此

族之相爲也宜弔不弔宜免不免有司罰之弔謂六世以往免謂五世○爲于僞反下爲君同免音問下及注同

至于賵賻承含皆有正焉承讀爲贈聲之誤也正正禮也○賵芳鳳切下同賻音附承音贈出注含胡暗反本又作唅賵賻唅襚皆贈喪之物也車馬曰賵布帛曰賻珠玉曰唅衣服曰襚襚謂之贈賵者送也

疏五廟至有正焉○正義曰此論族人雖或至賤吉凶必須相告弔賵含贈皆當有正禮庶子掌其正焉○皆有正焉者正謂正禮庶子之官治之使賵賻賵含隨其親疏各有正禮○注實四至子也○正義曰經云祖廟未毁謂同高祖若高祖以下唯有四廟今云五廟故云容顯考爲始封子是高祖爲四世也其五世祖是始封之君自五世以下其廟不毁故爲五廟也○注弔謂至五世○正義曰六世以往者從六世以至百世但有弔禮故言以往四世同高祖有緦麻之親五世則親盡但有袒免故云免謂五世也○注承讀至禮也○正義曰承文在贈含之間則贈含之類故以承爲贈云正正禮也者謂庶子之官正之以禮非訓正爲禮也庶子之官治之使賵賻隨其親疏各有正禮賵賻含襚皆贈喪之物賵車馬賻財帛含珠玉襚衣服揔謂之贈賵送也

公族其有死罪則磬于甸人不於市朝者隱之也甸人掌郊野之官縣縊殺之曰磬○甸大遍反縣音玄縊一智反○

其刑罪則纖剸亦告于甸人纖讀爲殲殲刺也剸割也宮割臏墨劓刖皆以刀鋸刺割人體也告讀爲鞫讀書用法曰鞫○纖依注音鍼之林反徐子廉反注本或作纖讀爲殲者是依徐音而改也剸之兗反告依注作鞫久六反刺七以反又七智反下同臏頻忍反徐扶忍反鋸徐音據

公族無宮刑宮割淫刑

獄成有司讞于公其死罪則曰某之

罪在大辟其刑罪則曰某之罪在小辟成平也讞之言白也辟亦罪也○讞徐魚列反言也辟婢亦反後不音者放此

公曰宥之宥寬也欲寬其罪出

於刑也○宥音又 有司又曰在辟公又曰宥之 又復也○復扶又反下不復復自行皆同 有司又曰在辟及三宥不對走出致刑于甸人 對荅也先者君每言宥則荅之以將更寬之至於三罪定不復荅走往刑之爲君之恩無已 公又使人追之曰雖然必赦之有司對曰無及也 罪既正不可宥乃欲赦之重刑殺其類也 反命于公 白已刑殺 公素服不舉爲之變如其倫之喪無服 素服於凶事爲吉於吉事爲凶非喪服也君雖不服臣卿大夫死則皮弁錫衰以居往弔當事則弁絰於士蓋疑衰同姓則緦衰以弔之今無服者不往弔也倫謂親疏之比也素服亦皮弁矣○爲之于僞反下不爲服爲黍祖注非爲又爲之舞同比必利反 親哭之 不往弔爲位哭之而已君於臣使有司哭之○

疏 公族至哭之○正義曰此一節論公之同族有死刑之罪有司行法之事及公爲之貶降之禮○公族其有死罪則磬于甸人者甸人掌郊野之官又云磬盡也磬謂縣縊殺于甸人之官令其性命磬盡也○其刑至甸人○謂族人犯刑罪者欲纖剸劓割之時亦鞠讀刑法之書於甸人之官也○公族無宮刑者雖犯宮刑不得行宮刑○獄成有司讞于公者成平也讞言白也謂獄斷既平定其罪狀有司以此成辭言白於公若其所犯死罪白公之時則曰某之罪在大辟其犯刑罪則曰某之罪在小辟公曰宥之○公既得有司之白此公族之親則公更言曰寬宥之以法商量使從其寬也有司又曰在辟○有司既得公言更往平審理無可出也有司又更白公言罪在大辟公又曰宥之有司又曰在大辟○及三宥○有司執法又曰在大辟公又曰宥之凡三宥也初有司白公公令寬宥則荅公將更寬宥及公遣三宥之後爲公意無已有司不復對公則走出致此刑死之事於甸人也○公又使人追之○謂追止行刑殺之人云雖然必赦之然猶如是雖罪重如是必更寬宥赦其刑殺也有司對曰無及也言其追之不可及也公素服不舉爲之變如其倫之喪無服者謂公身著素服衣裳皆素不舉饌食爲之變其常禮如其親疏倫輩之喪身不往弔無弔服也乃親自哭之於異姓之廟○注縣縊殺之曰磬○正義曰磬謂罄盡也左傳云室如縣罄杜預云罄盡也皇氏云如縣樂器之磬也○注纖讀至曰鞠○正義曰案魯語云小刑用鑽鑿次刑用刀鋸案墨刑刻其面是用鑽鑿也其宮劓之屬則劓割也故云宮割臏墨劓刖皆以刀鋸刺割人體也云告讀爲鞠讀書用法曰鞠者以刑之殺人皆於甸師氏何得唯告而已故以爲鞠漢書每云鞠獄是也讀書讀囚人之所犯罪狀之書用法謂其法律平斷其罪鞠盡也謂推審其罪狀令盡也今云公族雖無宮刑但髡去其髮也○注罪既至類也○正義曰罪既正定不可宥謂罪當正條無可赦宥之理君今乃更欲赦之者是重慎刑殺其族類也○注白至刑殺○正義曰公不遣刑而云反命于公者秖謂行刑者反廻而來告已刑殺之命言於公○注素服至弁矣○正義曰案下曲禮重素鄭云重素衣裳皆素謂之重素素爲衣裳也此素服亦然也於凶事爲吉者人以凶事用布今乃用素是比於凶事爲吉也於吉事爲凶者吉時皮弁服白布深衣素積裳以采爲領緣今唯素服衣裳是比吉事爲凶也非如五服之限故云非喪服也云君雖不服至弁絰者並服問文也云於士蓋疑衰同姓則緦衰以弔之者案司服云王爲三公六卿錫衰爲諸侯緦衰爲大夫士疑衰是疑衰輕於錫衰諸侯爲卿大夫既錫衰士宜卑降故疑衰但士有同姓異姓故以同姓爲緦衰異姓爲疑衰知諸侯亦有三衰者以司服王有三衰又云上公如王之服轉相加故知諸侯亦有三衰也此云君弔士疑衰案士喪禮公視斂注云主人成服之後往則錫衰者彼謂士有俟選於君有師友之恩與常士不同故錫衰也或於諸侯弔士無文因諸侯弔必錫衰無明文故注士喪禮爲錫衰也云素服亦皮弁矣者諸侯亦爲卿大夫弔服皮弁錫衰今此但云

素服不言素冠故云亦皮弁也譙周云此素服著素冠非鄭義也○注君於至哭之○正義曰案檀弓云天子之哭諸侯爵弁絰紂衣或曰使有司哭之是也○公族朝于內朝內親也雖有貴者以齒明父子也謂以宗族事會外朝以官體異姓也體猶連結也○宗廟之中以爵爲位崇德也崇高也○宗人授事以官尊賢也官各有能登餕受爵以上嗣尊祖之道也上嗣君之正統喪紀以服之輕重爲序不奪人親也紀猶事也公與族燕則以齒而孝弟之道達矣以至尊不自異於親之列其族食世降一等親親之殺也殺差也○殺色戒反徐所例反差初佳反徐初宜反戰則守於公禰孝愛之深也行主君父之象正室守大廟尊宗室而君臣之道著矣以其不敢以庶守君所重諸父諸兄守貴室子弟守下室而讓道達矣以其貴者守貴賤者守賤上言父子孫此言兄弟互相備也○【疏】公族至達矣○正義曰此謂第三節中之下節覆明在上公族九條之義○公族朝于內朝內親也此覆釋前第一條言公族所以朝于內朝者其內親也欲使親在其內故於內朝也○雖有貴者以齒明父子也者此覆釋在上第二條言宗族在內朝雖貴猶與賤者計年以爲齒列者欲明父子昭穆之本恩故也○外朝以官體異姓也者此覆釋在上第三條也若族人在外朝則不復計年各隨官爲次者外朝主尊別不得以私恩爲異故雖族人悉以計爵爲位是欲與異姓相連結以爲體也宗廟之中以爵爲位崇德也者覆釋上第四條也所以在廟中行禮時不計年而以官爵列位者爵以德序而廟中行禮時是先祖尊嚴之所所主在德不可私恩故列爵爲位是崇高於有德也○宗人授事以官尊賢也者此覆釋廟中所以授事必隨官序司徒奉牛之屬者官由賢能而興今欲尊崇此賢故授事以表之也○登餕受爵則以上嗣尊祖之道也者此覆釋所以登餕受爵用適子者夫祭祀是尊嚴於祖也適子是先祖之正體故使受爵於尸及升餕尸饌是尊祖之道理也喪紀以服之輕重爲序不奪人親也者此覆釋前第五條臣服君皆斬而已又以本輕者爲下本重者爲上不計爵尊卑爲次序者是不奪人本親之恩故輕重爲序也○公與族燕則以齒而孝弟之道達矣者此覆釋前第六條公所以降已尊而與族人燕會齒列是欲使孝弟之道通達於下也君上存親而與族人燕則民有親屬者豈得相責棄此孝弟之道達於下也○其族至殺也者此覆釋族食之事近者食稠遠者食希每世降一等是親親之殺也○戰則守於公禰孝愛之深也者此覆釋前第七條公在軍戰伐之事而載遷主將行又使庶子官主守之者是爲孝愛情深故也載主將行示不自專是孝也使守而尊之是愛也乃是孝愛之深也○正室守大廟尊宗室者此覆釋所以遣適子守大廟適子是宗室之正大廟是祖之正用適子守大廟是尊於宗及廟之室故也○而君臣之道著矣者臣下不敢以庶賤之人守君所重是君臣之道著明也○諸父諸兄守貴室子弟守下室而讓道達矣者此覆釋前諸父諸子諸孫守貴宮下室之事而貴者守貴賤者守賤賤者讓於貴貴者不相陵犯是讓道達也○五廟之孫祖廟未毀雖及庶人冠取妻必

告死必赴不忘親也親未絶而列於庶人賤無能也敬弔臨賻賵睦友之道也古者庶子之官治而邦國有倫邦國有倫而衆鄉方矣鄉方言知所鄉○臨如字徐力鴆反治直吏反鄉許亮反注同公族之罪雖親不以犯有司正術也所以體百姓也犯猶干也術法也○百姓本或作異姓非刑于隱者不與國人慮兄弟也弗弔弗爲服哭于異姓之廟爲忝祖遠之也素服居外不聽樂私喪之也骨肉之親無絶也公族無宮刑不翦其類也翦割截也○遠于萬反

疏 五廟至類也○正義曰此覆釋前第八條祖廟未毀雖及庶人冠取妻必告死必赴之事所以告必赴者君不以貴仍統於親故族人有事告赴是不忘親也○親未絶而列於庶人賤無能也○此解既與君有親何得爲庶人者賤其無能也○敬弔臨賻賵睦友之道也者此覆釋前宜弔不弔宜免不免及賵賻必有正焉之事言君敬重弔臨賵賻不使闕失者是君親睦和友之道也○古者庶子之官治而邦國有倫者此合結須庶子官義也不待於第九條覆而先在第八結者第九是罪惡之事今結邦國之功不宜與罪惡相連故於此結也倫理也言庶子官治則邦國治理也○邦國有倫而衆鄉方矣者若邦國治理則天下之人衆皆知其所鄉之方矣○公族之罪雖親不以犯有司正術也者此釋前第九條也犯干也有司獄官也術法也公族之親有罪公應宜放赦之而猶在五刑者國立有司之官以法齊治一切今不可以私親之罪而干壞有司之正法也

十三經注疏 禮記二十 文王世子 九

○所以體百姓也者此解公所以不干有司正法義也法無二制故雖公族之親猶治之與百姓爲一體不得獨有私也○刑于隱者不與國人慮兄弟也者此覆釋上致刑于甸人之事若異姓則刑之於市此同姓刑於甸師隱僻之處者不與國人謀慮兄弟也○弗弔弗爲服哭于異姓之廟爲忝祖遠之也者此覆釋上無服及公親哭之事所以不弔无服哭於異姓之廟者爲其犯罪忝辱先祖於公法合疏遠之也素服居外不聽樂私喪之也骨肉之親無絶也者覆釋上君爲之素服爲之變之事所以素服居在外寢不在内又不聽樂爲之變常者以其實是已親私心喪之也所以私喪之者骨肉之親雖犯刑戮無斷絶之理故也○公族無宮刑不翦其類也者覆釋上公族無宮刑所以無宮刑者不可翦其同類也上公族無宮刑在哭與素服之前此在哭與素服之後此覆說刑殺之後君則哭之及素服文相連接待其事終然後別釋公族無宮刑故在後也○注翦割截也○正義曰公族既無宮刑當髡去其髮故掌戮云髡者使守積鄭康成注云云謂同族不宮者是也

公族大夫——公族及卿適子——魏風公族——周禮諸子

餘子——掌適子母弟

公行——庶子——魏風公行路——周礼巾車

宣子使趙穿逆公子黑臀于周而立之黑臀晉文公子。臀徒門反 疏 注黑臀晉文公子。正義曰周語單襄公云吾聞成公之生也其母夢神規其臀以墨曰使有晉國故命之曰黑臀晉世家成公者文公少子其母周女也。壬申朝于武宮壬申十月五日既有日而無月冬又在壬申下明傳文無較例。較音角○初麗姬之亂詛無畜羣公子詛盟誓。麗力知反詛側慮反 疏 初麗至公子。正義曰服虔云麗姬與獻公及諸大夫詛無畜羣公子欲令其二子專國杜雖不注義似不然若麗姬身爲此詛姬死即應復常何得比至於今國無公族豈復文襄之霸遂踵麗姬法乎蓋爲奚齊卓子以庶篡適晉國創其爲亂不用復畜公子案檢傳文及國語文公之子雍在秦樂在

宣二

陳黑臀在周襄公之孫談在周則是晉之公子悉皆出在他國是其因行而不改成公今始革之故傳本其初也則是國內因驪姬之亂乃設此詛非驪姬自為詛也若驪姬為詛不須言驪姬之亂以言之亂知其創驪姬也自此之後雖立公

族而顯者亦少唯有悼公之弟揚干。悼公之子慭二人名見於傳昭十八年鄭人救火子產辭晉公子公孫於東門以外更無其人良由偪於六卿不被任用故耳**自是晉無公族**無公子故廢公族之官**疏**

注無公至之官。正義曰不畜羣公子故無公族是公族之官掌教公之子弟也下注云餘子適子之母弟亦治餘子之政子屬餘子之官則適子屬公族之官也孔晁注國語云公族大夫掌公族及卿大夫子弟之官是卿之適子屬公族也

晉語云欒伯請公族悼公曰荀家惇惠荀會文敏黶也果敢無忌鎮靖使玆四人者為之膏粱之性難正也故使惇惠者教之文敏者道之果敢者諗之鎮靖者脩之使玆四人者為公族大夫是公族主教誨也**及成公即**

位乃宦卿之適子而為之田以為公族宦仕也爲置田邑以為公族大夫。適本又作嫡丁歷反下注同為置于偽反**又宦其餘子亦為餘子**

餘子嫡子之母弟也亦治餘子之政**疏**注餘子至之政。正義曰下庶子為妾子知餘子則是適子之母弟也言亦為餘子則知餘子之官亦治餘子之政今主教卿大夫適妻之次子也下云庶子為公行掌率公之戎車則公行不教

庶子然則卿大夫之妾子亦是餘子之官教之矣**其庶子為公行**庶子妾子也掌率公戎行。行戶郎反注及下同**疏**注庶子至戎行。正義曰下句趙盾自以為庶為旄車之族則旄車之族即公

行也掌車而謂之公行知其掌率公戎車之行列也**晉於是有公族餘子公行**皆官名**疏**晉於至公行。正義曰此晉有公族餘子公行詩魏風有公族公路公行其公族公行既

同公路似此餘子但餘子不主路車公路非餘子也當與公行為一以其主君路車謂之公路主車行列謂之公行其實正是一官詩人變文以韻句耳周禮無此三官之名夏官有諸子下大夫二人掌國子之倅事與公族同也春官有巾車

下大夫二人掌王之五路事與公行同也無餘子同者天子諸侯禮異耳**趙盾請以括為公族**括趙盾異母弟趙姬之中子屏季也。括古活反中如字又丁仲反屏步丁反**曰君姬氏**

之愛子也趙姬文公女成公姊也**微君姬氏則臣狄人也公許之**盾狄外孫也姬氏逆之以為適事見僖二十四年。見賢遍反**冬趙盾為旄**

車之族旄車公行之官盾本卿適其子當為公族辟屏季故更掌旄車。旄音毛一本作軞**疏**注旄車至旄車。正義曰主公車行列謂之公行車皆建旄謂之旄車之族詩云孑孑干旄又曰建旐設旄是公車必建旄也

周禮主車之官謂之巾車巾者衣也主衣飾之車謂之巾車此掌建旄之車謂之旄車之族盾本卿之適子其子世承正適當為公族使辟屏季故更為旄車之族自以身為妾子故使其子為妾子之官知非盾身自為旄車之族而云使其子

者旄車之族賤官耳盾身既為正卿無容退掌賤職六年經稱晉趙盾衞孫免侵陳仍書於經非身退位故知使其子耳原同長而使趙括者沈氏云以其君姬氏之愛子故使之非正適也**使屏季以其故族**

為公族大夫盾以其故官屬與屏季使為衰之適。衰初危反**疏**注盾以至之適。正義曰族即屬也故官屬者父時舊官屬也將父時官屬盡與屏季使季為衰之正適也盾之此意欲令身死之後使屏季

承其父後為趙氏宗主但晉人以盾之忠更使其子朔承盾後耳

親族

公族與公室之關係

左文七宋成公卒條

族記

本編三

以室將畢業族姓考之處

親族

天下之人各子親則此與他於大族不啻秦民不侔

諸親老伯文

a

宗法

○別子爲祖諸侯之庶子別爲後世爲始祖也謂之別子者公子不得禰先君繼別爲宗別子之世長子爲其族人爲宗所謂百世不遷之宗繼禰者爲小宗別子庶子之長子爲其昆弟爲宗也謂之小宗者以其將遷也○禰乃禮反有五世而遷之宗其繼高祖者也謂小宗也小宗有四或繼高祖或繼曾祖或繼祖或繼禰皆至五世則遷是故祖遷於上宗易於下尊祖故敬宗敬宗所以尊祖禰也宗者祖禰之正體庶子不祭祖者明其宗也明其尊宗以爲本也禰則不祭矣言不祭祖者主謂宗子庶子俱爲適士得立祖禰廟者也凡正體在乎上者謂下正猶爲庶也○適丁歷反篇內同○

疏別子至宗也○正義曰此一節並論尊祖敬宗之義各依文解之○別子爲祖者謂諸侯適子之弟別於正適故稱別子也爲祖者別與後世爲始祖謂此別子子孫爲卿大夫立此別子爲始祖○注謂之至先君○正義曰鄭云此者決上文庶子王今諸侯庶子乃謂之別子是別爲始祖若稱庶子及公子若世子不立則庶子公子皆得有禰先君之義今言別子明適子在故云謂之別子者公子不得禰先君○繼別爲宗○謂別子之世世長子恒繼別子與族人爲百世不遷之大宗○繼禰者爲小宗○禰謂別子之庶子以庶子所生長子繼此庶子與兄弟爲小宗謂之小宗者以其五世則遷比大宗爲小故云小宗也○有五世而遷之宗其繼高祖者也○五世者謂上從高祖下至玄孫之子此玄孫之子則合遷徙不得與族人爲宗故云有五世則遷之宗其繼高祖者此五世合遷之宗是繼高祖者之子以其繼高祖之身未滿五世而猶爲宗其繼高祖者之子則已滿五世禮合遷徙但記文要略唯云繼高祖其實是繼高祖者之子也○注謂小至則遷○正義曰言或繼高祖或繼曾祖或繼祖或繼禰者以別二之後族人衆多或有繼高祖者與三從兄弟爲宗或有繼曾祖者與再從兄弟爲宗或有繼祖者與同堂兄弟爲宗或有繼禰者與親兄弟爲宗不廢族人一身凡事四宗事親兄弟之適是繼禰小宗也事同堂兄弟之適是繼祖小宗也事再從兄弟之適是繼曾祖小宗也事三從兄弟之適是繼高祖小宗也於族人唯一俱時事四小宗兼大宗爲五也又云皆至五世則遷者繼高祖者至子五世繼曾祖者至孫五世繼祖者至曾孫五世繼禰者至玄孫五世也是皆五世不復與四從兄弟爲宗故云皆至五世則遷各自隨近相宗然則小宗所繼非一前文獨云繼禰者爲小宗雖四初皆繼禰爲始據初爲元故特云繼禰也○是故至禰也○四世之時尚事高祖至五世之時謂高祖之父不爲加服是祖遷於上四世之時仍宗三從族人至五世不復宗四從族人各自隨近爲宗是宗易於下宗是先祖正體所以尊祖故敬宗更覆說云敬宗所以尊祖禰覆結尊祖之文也○庶子不祭祖者明其宗也○此循尊宗之義也庶子適子俱是人子並宜供養而適子烝嘗庶子獨不祭者正是推本崇適明有所宗故云明其宗也○注禰則至庶也○正義曰鄭據子名對父此言庶子則是父庶父庶即不得祭父何假言祖故云禰則不祭也而記不應言不祭祖祖是對孫今既云庶子不祭祖故知是宗子庶子俱爲適士適士得立二廟自禰及祖是適宗子得立祖廟祭之而已是祖庶雖俱爲適士得自立禰廟而不得立祖廟祭之故云庶子不祭祖云凡正體在乎上者謂下正猶爲庶也者解所以謂禰適爲庶子之義也正體謂祖之適也下正謂禰之適也雖正爲禰適而於祖猶爲庶故禰適謂之爲庶也五宗悉然

親族

祭有酒肉因聚宗族

子云七日戒三日齊承一人焉以爲尸過之者趨走以教敬也戒謂散齊也承猶事也。齊側皆反注同散悉但反醴酒在室醍酒在堂澄酒在

十三經注疏　禮記五十一　坊記　七

下示不淫也淫猶貪也澄酒清酒也三酒尚質不尚味。醍音體尸飲三衆賓飲一示民有上下也上下猶尊卑也主人主婦上賓獻尸乃後主人降洗爵獻賓因其酒肉聚其宗族以教民睦也言祭有酒肉羣昭羣穆皆至而獻酬之咸有薦俎。昭常遥反故堂上觀乎室堂下觀乎上謂祭時肅敬之威儀也。詩云禮儀卒度笑語卒獲卒盡也獲得也言在廟中者不失其禮儀皆歡喜得其節也。度如字法度也徐涂洛反

疏 子云至卒獲。正義曰此一節明祭祀恭敬之義使禮儀各得其所。七日戒者謂散齊也。三日齊者謂致齊也。承一人焉以爲尸者謂承奉一人焉尊之爲尸也。示民不淫也者淫猶貪也醴齊醍齊澄酒味薄者在上味厚者在下貴薄賤厚示民不貪淫於味也。尸飲三衆賓飲一示民有上下也者言尊上者得酒多卑下者得酒少是示民有上下也。因其酒肉聚其宗族以教民睦也者謂因其祭祀之酒肉於祭祀之末聚其宗族昭穆相獻酬教民相親睦也。故堂上觀乎室者沈重云祭祀之時在堂上者觀望在室之人以取法。堂下觀乎上者謂在堂下之人觀看於堂上之人以爲則言上下内外更相倣法。詩云禮儀卒度笑語卒獲者此小雅楚茨之篇刺幽王之詩言古之祭祀禮儀盡合其法度笑語盡得其節制。注澄酒至尚味。正義曰澄酒清酒也謂澄齊也以其清於醴齊醍齊故云清酒也以此三齊皆云酒故知澄酒惟澄齊也禮運云玄酒在室醴醆在戶粢醍在堂澄酒在下彼陳酒事故鄭分釋澄爲沈齊酒爲三酒也以此云示民不淫故知非三酒以三酒味厚美故也禮運云醴醆在戶此云在室不同者在戶之内則是在室也但禮運有玄酒在室之文故云醴醆在戶爾。注主人至獻賓。正義曰知主人主婦賓獻尸乃後主人降洗爵獻賓者儀禮特牲文也

宗法

序

小宗大宗——小宗乃与大宗凡五

明其宗也庶子不得爲長子三年不繼祖也明猶尊也一統焉族人上不戚君下又辟宗乃後能相序。爲于僞反下爲其士注死爲之爲其妻爲之大功不相爲皆同辟音避別子爲祖別子謂公子若始來在此國者後世以爲祖也繼別爲宗別子之世適也族人尊之謂之大宗是宗子也。適丁歷反下文及注皆同繼禰者爲小宗父之適也兄弟尊之謂之小宗有百世不遷之宗有五世則遷之宗百世不遷者別子之後也宗其繼別子之所自出者百世不遷者也宗其繼高祖者五世則遷者也尊祖故敬宗敬宗尊祖之義也。遷猶變易也繼別子別子之世適也繼高祖者亦小宗也先言繼禰者據別子子弟之子也以高祖與禰皆有繼者則曾祖亦有也則小宗四與大宗凡五

疏 庶子至義也。正義曰上經論人君絕宗此一節論卿大夫以下繼屬小宗大宗之義各依文解之。庶子不祭明其宗也者案小記云庶子不祭祖下文云不祭禰此直云不祭者嫌祖禰俱不祭但小記辨明上士下士故有不祭祖不祭禰之文此則摠而言之故直云不祭。庶子不得爲長子三年不繼祖也者案小記云庶子不爲長子斬不繼祖與禰斬則三年與此一也小記文詳故云不繼祖與禰此文辭畧故直云不繼祖也其義具在小記已備釋之。別子爲祖。前既云明其宗故此以下廣陳五宗義也別子謂諸侯之庶子也諸侯之適子適孫繼世爲君而第二子以下悉不得禰先君故云別子并爲其後世之始祖故云爲祖也。注別子至祖也。正義曰別子謂公子者諸侯適子繼世爲君其適子之弟別於正適是諸侯之子故謂之別子也云若始來在此國者此謂非君之戚或是異姓始來在此國者故亦謂之別子以其別於在本國不來者。繼別爲宗。謂別子之適子世繼別子爲大宗也族人與之爲絕宗也五世外皆爲之齊衰三月母妻亦然。繼禰者爲小宗。謂父之適子上繼於禰諸兄弟宗之謂之小宗以本親之服服之。有百世不遷之宗此一經覆說大宗小宗之義并明敬宗所以尊祖也云有百世不遷之宗者謂大宗也云有五世則遷之宗者謂小宗也云百世不遷者別子之後也宗其繼別子之所自出者百世不遷者也

此覆明大宗子百世不遷之義也云宗其繼高祖者五世則遷者也此覆明小宗五世則遷之義云尊祖故敬宗敬宗尊祖之義也者此揔結大宗小宗以大宗是遠祖之正體小宗是高祖之正體尊崇其祖故敬宗子所以敬宗子者尊崇先祖之義也○注遷猶至凡五○正義曰繼別子別子之世適也者解經宗其繼別子之文以是別子適子適孫世世繼別子故云別子之世適經云別子之所自出者自由也謂別子所由出或由此君而出或由他國而來後世子孫恒繼此別子故云繼別子之所自出云繼高祖者亦小宗也者以前文云繼禰者爲小宗是小宗定稱在於繼禰今此經云宗其繼高祖者緣無小宗之文故云繼高祖者亦小宗也云先言繼禰者據別子子弟之子也者鄭以經繼高祖爲小宗何以前文先云繼禰者爲小宗鄭釋此意先云繼禰者又承上繼別爲大宗之下則從別子言之別子子者別子之適子弟之子者別子適子之弟所生子也弟則是禰其長子則是小宗故云繼禰爲小宗因別子而言也云以高祖與禰皆有繼者則曾祖亦有也者鄭以此經文宗其繼高祖者上文云繼禰爲小宗是高祖與禰皆有繼文唯曾祖及祖無繼文故云明曾祖亦有也云小宗四與大宗凡五者小宗四謂一是繼禰與親兄弟爲宗二是繼祖與同堂兄弟爲宗三是繼曾祖與再從兄弟爲宗四是繼高祖與三從兄弟爲宗是小四并繼別子之大宗凡五宗也

大传

宗法札記

宗子爲士居以罪在他國庶子無廟爲大夫之祭
宗子無爵去國以廟從及罪則反

○曾子問曰宗子爲士庶子爲大夫其祭也如之何孔子曰以上牲祭於宗子之家貴祿重宗也上牲大夫少牢祝曰孝子某爲介子某薦其常事介副也不言庶使若可以祭然○祝皇之六反朁之又反下同爲于僞反下注爲有異居爲無曰同介音界副也下同○疏曾子至常事○正義曰此一節論宗子祭用大夫牲之事以上至之家○上牲謂大夫少牢也宗子是士合用特牲今庶子身爲大夫若祭祖禰當用少牢之牲就宗子之家而祭也以廟在宗子家故也○注貴祿至少牢○正義曰用大夫之牲是貴祿也宗廟在宗子之家是重宗也此宗子謂小宗也若大宗子爲士得有祖禰二廟也若庶子是宗子親弟則與宗子同祖禰得以上牲於宗子之家而祭祖禰也但庶子爲大夫得祭曾祖廟已是庶子不合自立曾祖之廟崔氏云當寄曾祖廟於宗子之家亦得以上牲宗子爲祭也若已是宗子從父庶子兄弟父之適子則於其家自立禰廟其祖及曾祖亦於宗子之家寄立之亦以上牲宗子爲祭若已是宗子從祖庶兄弟父祖之適則立祖禰廟於已家則亦寄立曾祖之廟於宗子之家已亦供上牲宗子爲祭此大夫者謂諸侯大夫故少牢知此是諸侯大夫者以下文云宗子有罪居于他國言他國則是據諸侯也以文相連接故知此大夫是諸侯大夫也○祝曰至常事○宗子祭時祝告神辭云孝子某孝子謂宗子也某是宗子之名介子某介子謂庶子爲大夫者介副也某是庶子名也薦其歲之常事告神止稱宗子其時庶子身在祭位必知庶子在者以經云祭於宗子之家是大夫就宗子家而祭也○注介副至祭然○正義曰上云庶子爲大夫此亦當云爲庶子某今云介子某者庶子卑賤之稱介是副二之義介副則可祭故云使若可以祭然故稱介子若宗子有罪居于他國庶子爲大夫其祭也祝曰孝子某使介子某執其常事此之謂宗子攝大夫○其祭也本或此下有如之何二字非也攝主不厭祭不旅不假不綏祭不配皆辟正主厭厭飫神也厭有陰有陽迎尸之前祝酌奠奠之且饗是陰厭也尸謖之後徹薦俎敦設於西北隅是陽厭也此不厭者不陽厭也不旅不旅酬也假讀爲嘏不嘏不嘏主人也不綏祭謂今主人也綏周禮作墮不配者祝辭不言以某妃配某氏○厭本或作懕於豔反注下皆同綏注作墮同許恚反徐又況垂反注同辟音避下同飫於去反謖色六反起也敦音對又東論反嘏古雅反○布奠於賓賓奠而不舉布奠謂主人酬賓奠觶於薦北賓奠謂取觶奠於薦南也此酬之始也奠之不舉止旅○觶之豉反字林音支不歸肉肉俎也謂與祭者留之共燕○歸如字徐其位反與音預其辭於賓曰宗兄宗弟宗子在他國使某辭辭猶告也宿賓之辭與宗子爲列則曰宗兄若宗弟昭穆異者曰宗子而已其辭若云宗兄某在他國使某執其常事使某告○其辭如字告也下及注同昭穆常遥反下音木後放此疏若宗至其辭○正義曰此一節

以曾子前問宗子爲士庶子爲大夫孔子荅畢更爲曾子廣陳宗子有罪出居他國庶子爲大夫在家法其祭之禮按少牢饋食司宮筵于奥設饌畢祝酌奠于鉶南主人西面再拜稽首祝曰孝孫某敢用柔毛剛鬣嘉薦普淖用薦歲事于皇祖伯某以某妃配某氏尚饗此所謂配也今攝主則不配少牢又云祝出迎尸尸入即席坐而執祝前之解而祝命尸挼尸取菹挼于醢祭于豆間及祭黍稷肺等是謂尸綏祭也凡飯十一飯訖主人洗爵酳尸尸酢主人主人拜受爵上佐食取黍稷肺授主人所謂綏祭也今攝主不綏祭少牢又云主人左執爵祝與二佐食取黍以授尸尸執以命祝祝受以東北面嘏于主人曰皇尸命工祝承致多福無疆于女孝孫所謂嘏也今攝主則不嘏也按特牲主人受嘏之後獻祝及佐食訖主婦獻尸及祝佐食訖乃賓長獻尸尸爵止未飲主人主婦交相致爵訖尸乃飲止爵以酢賓賓飲訖賓獻祝及佐食洗酌致于主人主婦訖主人獻賓賓酢主人主人又獻衆賓訖尊兩壺于阼階東西方亦如之主人酌西方之尊以酬賓主人尊爵于賓之薦北賓取爵東面奠于薦南所謂布奠於賓也今攝主主人奠於薦北賓取奠于薦南而不舉也主人獻長兄弟又獻衆兄弟訖長兄弟加爵於尸衆賓長又加爵於尸訖嗣子舉奠舉奠訖賓坐取薦南之爵酬長兄弟長兄弟酬衆賓衆賓酬衆兄弟所謂旅酬今攝主不旅酬也特牲云旅酬之後無算爵無算爵之後祝告既成尸起主人降佐食徹尸薦俎設於西北隅所謂陽厭今攝主不爲此陽厭也○注此之至大夫○正義曰喪服小記士不攝大夫士攝大夫唯宗子也○攝主不厭祭○正義曰此宗子有罪出在他國庶子既爲攝主不敢備禮故於祭末不爲陽厭之祭也所以不爲陽厭者陽是神之厭飫今攝主謙退似若神未厭飫然也○不旅者謂所將祭旅酬之時賓奠不舉不爲旅酬也旅酬是賓主交歡之始今攝主不敢當正主故不旅也○不嘏不綏祭者嘏是主人受福綏是將欲受福先爲綏祭今辟正主故不敢受嘏以其不嘏故不綏祭也○不配者以祭初尸未入之時祝告神辭曰以某妃配某氏備告考妣今攝主不敢備禮畧言皇祖而已此經所陳從祭末然後以次至祭初逆陳之必逆陳之者皇氏云以其攝主非正故逆陳以見義○注皆辟至某氏○正義曰以其無尸設饌欲神之歆饗而厭飫是也○云厭有陰有陽謂一祭之中有此兩厭下文有陰厭有陽厭是也○云迎尸至陰厭也約少牢特牲禮文祝酌奠者謂祝酌奠於鉶南且饗者祝奠訖且復以辭饗告神也是室奥陰靜之處故云陰厭尸謖之後佐食徹尸之薦俎設於西北隅得戸明白之處故曰陽厭今攝主不厭謂不陽厭也所以然者厭是厭飫凡厭是神之歆饗○云尸謖至陽厭也其上大夫當自賓尸故少牢禮無陽厭也下大夫不賓尸有陽厭也其天子諸侯明日乃爲繹祭亦有陽厭也故詩云相在爾室尚不愧于屋漏謂天子之禮天子既爾諸侯亦然此謂下大夫攝也禮有陽厭以其攝主故闕陽厭若上大夫本無陽厭可闕知此不厭者不陽厭此皆逆陳於祭末者先言故知不陽厭也云假讀爲嘏至主人也以古旁之嘏是福慶之辭少牢云嘏于主人嘏字古旁爲之祭禮唯主人受嘏故知不嘏不嘏主人也云不綏祭謂今主人者謂欲食之時先減黍稷牢肉而祭之於豆間故曰綏祭尸與主人俱有綏祭今攝主則不綏也所以然者凡將受福先爲綏祭今辟正主不敢受福故不綏也若綏少牢禮云祝出迎尸尸入即席坐而祝命尸綏祭尸取菹及黍稷肺祭于豆間是謂之綏祭綏是減毀之名尸與主人俱有綏祭也云今主人者謂今攝主人也云綏周禮作墮者以綏是綏安之義墮是減毀之名故從於周禮墮爲正守祧云既祭則藏其墮是也○云不配者至某氏○謂祝辭直言薦歲事於皇祖伯某不云以某妃配某氏某氏者其妃之姓也若云某妃姜氏子氏之類也○布奠至不舉○謂主人酬賓之時賓在西廂東面主人布此奠爵於賓之北○賓奠而不舉者賓坐取薦北之爵奠於薦南而不舉用以酬兄弟此則不旅酬之事而更別言者以上文揔云祭祀是主人之事自此以下更别論賓禮有闕故重言之○注布奠至止旅○正義曰此皆特牲禮文云此酬之始也者按特牲禮云賓奠之後主人獻衆兄弟内兄弟訖乃行旅酬故云此酬之始也云奠之不舉止旅者謂止旅酬之事而不爲也○不歸肉者歸饋也謂不歸俎肉於賓也○注肉俎至共燕○正義曰賓客正祭諸助祭之賓客各使歸俎今攝主不敢饋俎肉於賓故注云諸與祭者留之共

燕○其辭至某辭○正義曰非但祭不備禮其攝祭之初辭告於賓與常禮亦别云宗兄宗弟宗子在他國不得親祭故使某執其常事使某告也故云使某辭○注辭猶至之辭○正義曰云宿賓之辭按特牲云乃宿尸注云宿讀爲肅肅進也進者使知祭日當來下云宿賓故云宿賓之辭○云與宗子爲列至而已○若同列者云宗兄若宗弟其昭穆異者宗子雖祖父及子孫之行但謂之宗子故云而已 ○曾子問曰宗子去在他國庶子無爵而居者可以祭乎孔子曰祭哉有子孫存不可以乏先祖之祀請問其祭如之何孔子曰望墓而爲壇以時祭不祭于廟無爵者賤遠辟正主○壇大丹反下注同注或作墠音善遠徐于萬反若宗子死告於墓而后祭於家言祭於家容無廟也宗子死稱名不言孝孝宗子之稱不敢與之同其辭但言子某薦其常事○稱尺證反身没而已至子可以稱孝子游之徒有庶子祭者以此以用也用此禮祭也若義也若順也今之祭者不首其義故誣於祭也首本也誣猶妄也疏曾子至祭也○正義曰此一節論庶子代宗子祭之事各依文解之○曾

子問至以祭乎○論曾子以孔子上文云宗子有罪居在他國庶子爲大夫得在本國攝祭未知庶子無爵在國居者可祭以否故問之○○孔子曰祭哉者孔子既許其祭以無正文得祭故云祭哉哉者疑而量度之辭故注云有子孫存不可以乏先祖之祀○請問其祭如之何孔子曰望墓而爲壇以時祭者宗子雖有廟在宗子之家庶子無爵不得就宗子之廟而祭惟可望近所祭者之墓而爲壇以四時致祭也○注不祭至正主○正義曰所以不祭于宗子廟者以庶子無爵卑賤遠辟正主正主謂宗子也據鄭此言宗子去在他國謂有爵者若其無爵在家本自無廟何須云不祭廟辟正主也鄭必知是有爵者以經云宗子去在他國庶子無爵而居庶子云無爵明宗子是有爵此宗子去他國謂有罪者若其無罪則以廟從本國不得有廟故喪服小記注云宗子去國乃以廟從謂無罪也○若宗至於家○孔子上爲曾子說宗子身在外此又說宗子身没謂告於所祭之墓而后祭於庶子無爵者之家也注言祭於家容無廟也○正義曰從上以來雖據宗子有爵而言其廟在家今宗子既死庶子無所可辟當云告於墓而后祭於宗子之家今直云祭於家是祭於庶子之家是容宗子之家無廟故也宗子所以無無廟者宗子無爵不合立廟或云祭於家者是祭於宗子之家容庶子之家無廟也庶子所以無廟者一是庶子無爵不合立廟二是宗子無罪居他國以廟從本家不復有廟故也○宗子死稱名不言孝○宗子既死庶子其祭之時告神但稱其名不得稱孝辟宗子也○注孝宗至常事○正義曰上文孝子某使介子某孝子是宗子之稱今直言名不言介若宗子在得言介子某今宗子既死身又無爵復稱名不得稱介故但言子某薦其常事身没而已者其不稱孝者唯己身終没而已至其子則稱孝也○注至子可以稱孝○正義曰以庶子合稱孝者庶子身死其子則是庶子適子祭庶子之時可以稱孝○子游之徒有庶子祭者以此○以其禮無正文故孔子引子游之徒寔有庶子祭者而用此禮而祭○若義也者若順也謂順於古義故云若義也○今之祭者不首其義故誣於祭也○注首本也誣猶妄也○正義曰謂今日世俗庶子祭者不尋本義之道理爲此祭故云誣於祭謂妄爲祭之法不依典禮

宗法

公子之宗道

○有小宗而無大宗者有大宗而無小宗者有無宗亦莫之宗者公子是也 公子有此三事也公子謂先君之子今君昆弟 疏 有小至是也○正義曰以前經明卿大夫士有大宗有小宗以相繼屬此經明諸侯之子身是公子上不得宗君下未爲後世之宗不可無人主領之義各依文解之○有小宗而無大宗者謂君無適昆弟遣庶兄弟一人爲宗領公子禮如小宗是有小宗而無大宗○有大宗而無小宗者君有適昆弟使之爲宗以領公子更不得立庶昆弟爲宗是有大宗而無小宗也○有無宗亦莫之宗者公子唯一無他公子可爲宗是有無之宗亦無他公子來宗於已是亦莫之宗也公子是也言公子有此三事他人無唯公子也

公子有宗道公子之公爲其士大夫之庶者宗其士大夫之適者公子之宗道也 公子不得宗君君命適昆弟爲之宗使之宗之是公子之宗道也所宗者適則如大宗死爲之齊衰九月其母則小君也爲其妻齊衰三月無適而宗庶則如小宗死爲之大功九月其母妻無服公子唯已而已則無所宗亦莫之宗○唯巳音紀 疏 公子至道也○正義曰此一節覆說上公子宗道之意云公子有宗道一句爲下起文言公子有族人來與之爲宗敬之道○公子之公者公君也謂公子之君是適兄弟爲君者○爲其士大夫之庶者則君之庶兄弟爲士大夫所謂公子者也宗其士大夫之適者謂立公子適者士大夫之身與庶公子爲宗故云宗其士大夫之適也此適者卽君之同母弟適夫人所生之子也○公子之宗道也者言此適公子爲庶公子宗是公子宗道結上公子有宗道文也○注公子至之宗○正義曰云公子不得宗君君尊族人不敢以戚君故不得宗君也云君命適昆弟爲之宗使之宗之者公子既不得宗君其父子宗親之事無人主領故君命適兄弟爲之宗使宗領之也云所宗者適則如大宗死爲之齊衰九月其母則小君也者以經文公子既有小宗大宗故知適者如大宗庶者如小宗云則如大宗者大宗之正本是别子之適今公子爲大宗謂禮如之耳非正大宗故云如也死爲齊衰九月者以君在厭降兄弟降一等故九月以其爲大宗故齊衰與君同母故云其母則小君也云爲其妻齊衰三月者同喪宗子之妻也既立適爲大宗則不復立庶爲小宗前經所謂有大宗而無小宗是也云無適而宗庶則如小宗死爲之大功九月其母妻無服者此則庶子爲宗禮如小宗與尋常兄弟相爲君在厭降一等故死爲之大功九月母則庶母妻則兄弟之妻故無服也既無適子可立但立庶子爲小宗前文所謂有小宗而無大宗者也云公子唯已而已則無所宗亦無之宗者無所宗則前經云有無宗也亦無之宗者則前經云亦莫之宗鄭於此注遥釋前耳

姓宗

宗

從宗子由匡「置宗子以匡宗祊……則宗子傷矣」

問為「宗者社稷宗廟則人有所宗」「問宗之

吾人同族之子不出」問俤之某人「……今

入叢何人

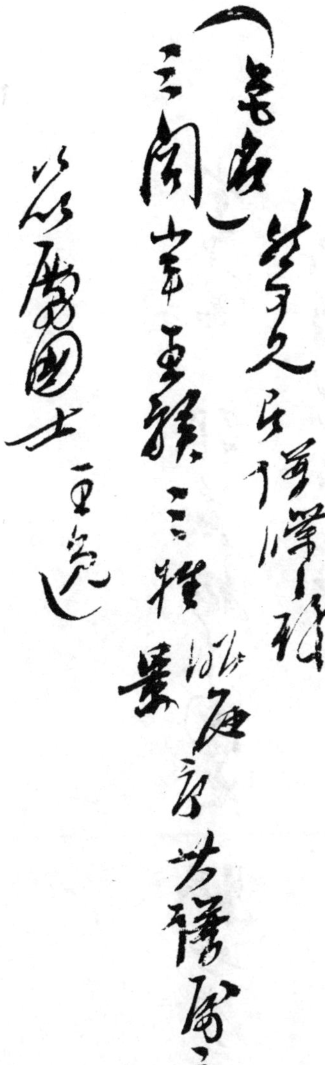

女子

左氏學 郤華都 周之 賭盟本二年君卿

律毋白著姓

繼承

長子繼承

繼承制度與政治有關者也長子繼承耕地（田）莊園（大夫）不許分割，分割則力薄也

附録

兄終弟及

是有旁支繼承（見文化人類學二五六）。頗古人謂長死後兄弟相繼，至既盡乃歸其長兄之子。墨西哥亞茲族人因此制調和個人地位之卑趨向，曰兄弟集體而合權。

毛利人常可兼為酋長之子孫（其世系上溯神）。土地繼承則兄弟盡乃還其長兄之子焉。

母系雖繼長弟繼承此處土地職位兄弟皆傳先

始及物體之上，成種種相反制，此其始也。母系

並母系社會兄弟同居妻奚系稍不那，故

種種相反制，至於斯為母系也。

蓋其意在求財產之占有使用，但未大勝於

獨享，且拘不可分，則最公平者莫如依兄

弟之序次第掌其管理權矣。

總專權在長，則成及

繼承

主長不問男女

臺灣高山族中之阿塔雅尔族以家封相世

族

大家族原因

家之人數多，關中舊房屋不够分析

民族之懷

居地太狹　食物獵場不足之　不勝則竄遁　相距愈遠　舊來愈隔　忘當時共同之祖　至此無從推尋之方矣

繼承

◉嗣子歸宗問題之研究

李觀庵

考嗣子歸宗問題。吾國民律草案。與清律有效部分規定。互有不同。出入甚大。往往因誤會起爭端。卒至觸犯刑章。追悔莫及者。比比皆是。茲爲便利研究起見。分列於左。願法家有以匡正之。幸甚。

查清律戶役立嫡子違法門第二項載。若所養父母有親生子。及本生父母無子。欲還者。聽。又民律草案第一千四百條。載遇有左列情形。嗣子得請求歸宗。㈠所嗣父母虐待不堪者。㈡所嗣父母生有男子。而本生父母無男子者。各等語。是凡嗣父母生有男子。同時本生父母無子者。於法自應准其歸宗。蓋所嗣父母不以一子而加益。本生父母則以無子而絕祀。使爲嗣子者。父人而自絕其父。非法也。斯固然矣。惟清律律文與民律草案本條第二欵一用及字。一用而字。於解釋上不無異同。試分述如左。

（甲）清律用及字者。據輯註「若有親生子」及「本生父母無子」。是兩項。或所養父母有子。或本生父母無子。並得聽其歸宗。非謂必須所養父母有子。而同時本生父母無子。方許歸宗之意。觀及字義與或字同。

（乙）民草用而字者。適與清律相反。必須所養父母有子。同時本生父母無子。方許歸宗。觀而字之義。即知二者必須兼備。依此規定。如遇本生父母先有數子。迨出嗣後數子皆亡。而此時所嗣父母仍屬無子者。在清律該嗣子已可歸宗。在民草則以條件未備。該嗣子倘不能享此權利。但得兼祧以嗣所生耳（見民草一三九三條）。惟此兼祧之制。亦屬權宜之舉。無非濟禮之窮。而不欲絕人之後也。（未蓋章）

陸函

當室

喪服：童子唯當室緦。此句《儀禮》注：「當室，爲父後承家事也。」問喪：「童子當室，則免而杖矣。」注：「當室，謂無父兄而主家者也。」

曲禮：孤子當室

謹啟

一 楨年貴翁之所當算參者隆楨之楨

此函交東陽也

又楨又 兄弟復頓誥

繼承

「國人立之曰立[redacted]他國立之曰納從外曰入」

公莊六衛侯朔入于衛解詁

續添

晉侯黑臀不書葬

公宣九晉侯黑臀卒於扈能諱不

書葬者故篡也 魏東止趙盾弑

靈公之之古篡者其秋即位不以正

皆謂篡也

繼承

嫡子孫殤死不立後

曾子問宗子為殤而死庶子弗為後也其服

小記云為殤後者以其服服之言以本親

服之則嫡子嫡孫殤死但以庶子代

為立後

一宗族

「王居明堂季冬之命國為酒以合三族君

子說小人樂」

月令季冬之月鄭注

宗族

六親

漢書賈誼傳 以奉六親至孝也補注

親族

呼從母爲姊

左襄廿三 穆姜之姊子也 疏

妻之妹乃曰姊

古書疑義舉例因此以及彼義

親族

子姓

特牲饋食禮 儀禮の 十の

「子姓者子之所生」子姓兄弟如主人之服注

親族

謹啟者 某某某謹之據

表服傳文 儀禮 疏一卷 寄出 惟 照 言是荷

此上

三月某日 拜 名 頓

親族

「裔遠也玄孫之後為裔」

左昭廿九有裔子曰董父注

「物族之[redacted]孫為侄孫甥」

左[redacted]襄廿五注

孫甥

見左哀廿三

寄浩

爲人後者爲小宗之親無不降等，爲所後之親無不

若子降等而已從大宗親疏爲服之説非，後小宗

亦立後爲本宗亦當降一等，且爲大宗子後小宗

反降大大宗本親者無別，大小宗則爲大宗者遂則使後

大宗者絕其本宗而毋與萬物特殊之緣親以異

於汝亦宗者不知古無小宗立後之事，無據之後議　崇文

集の駁胡氏中敬継不

而又後世爲本宗服説

宗法

立後可否遣還

復初齋文集の立後遣還為所後及本

宗服議

親族

母⿱彌女嬭妲孃一聲之轉

說文釋例一聲音之遞變條

拈拂抹

左襄廿一疏季武子云云拈拂妻之

君祖母

询候祖母 见后文十六

親族

姑姊妹親於伯叔母

雜記下孔子曰伯母叔母疏衰踊不絕地姑姊妹之大功踊絕於地

親族

女子子

喪服「女子子在室爲父」注「女子子者女子也（通典作女子子者）別於男子也」

又（廿二）儀禮「爲夫之昆弟之婦人子適人者」注「婦人子者女子子也不言女子子者因出見恩疏

親族

妻弟

見史記 婦弟見漢書

見 內弟 舅之子 顏真卿家廟碑 祖昭甫工書

與內弟殷仲容齊名 父惟貞少孤育於

舅仲容家

族

黨

禮記奔喪 哭父之黨於廟母妻之黨於寢

注黨謂族類無服者也

家庭先於家族

我主此說 其理若極為普遍 民族家族皆

文化制爲乃名

適庶

嫡庶

簡兮簡兮方將万舞日之方中在前上處 傳

國子

教國子弟以日中爲期

○傳教國至爲期○正義曰知教國子弟者以言在前上處在前列上頭唯教者爲然祭祀之礼旦明行事非至日之方中始在前上處也此既爲樂官明其所教者國子也國子謂諸侯大夫士之適子言弟容諸侯之庶子於適子爲弟故王制云王太子王子羣后之太子卿大夫元士之適子彼雖天子之法推此諸侯亦有庶子在國學故言國子弟也傳言日中爲期則謂一日之中非春秋日夜中也若春秋言不當爲期也故王肅云教國子弟以日中爲期欲其徧至是也

宗族

祖舅

陳書儒林傳沈文阿 祖舅太史叔明，文阿父峻之之舅

晉書庾袞傳 鎮南大將軍劉弘，袞之祖舅也

讀為長史（宋本誤）

親族

呼書多人第為男新一代男來已久

事傳其餘失其世之寶轂此事不

務男兒大丈夫商榷

親族

歐、夏侯説九　族中經及從母

初禮昏禮　附從母兄

弟右、諸中姑之丙

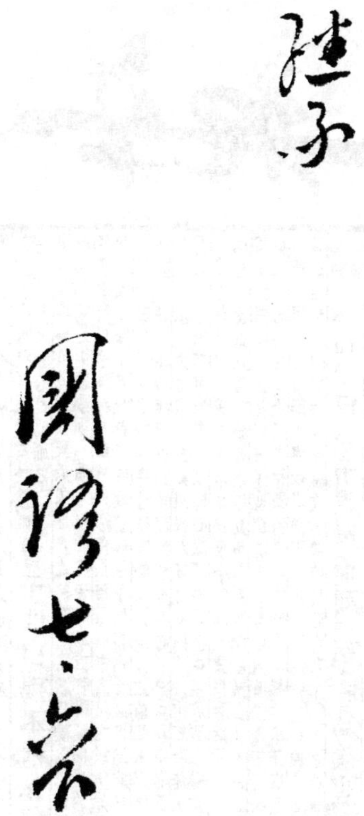
陆予
闵谓七六岁

殤祭

○曾子問曰祭必有尸乎言無益無用爲若厭祭亦可乎厭時無尸孔子曰祭成喪者必有尸尸必以孫孫幼則使人抱之無孫則取於同姓可也人以有子孫爲成人子不殤父義由此也祭殤必厭蓋弗成也厭飫而已不成其爲人祭成喪而無尸是殤之也與不成人同孔子曰有陰厭有陽厭言祭殤之禮有於陰厭之者有於陽厭之者曾子問曰殤不祔祭何謂陰厭陽厭祔當爲備聲之誤也言殤乃不成人祭之不備禮而云陰厭陽厭乎此失孔子指也祭成人始設奠於奧迎尸之前謂之陰厭尸謖之後改饌於西北隅謂之陽厭殤則不備○附依注音備本或作祔亦同奧於報反

疏曾子至陽厭○正義曰此一節論祭有尸有陽厭陰厭之事各依文解之○祭必有尸乎曾子之意以祭神神本虛無無形無象何須以生人象之故云祭必有尸乎○注言無益無用爲○正義曰祭是祭神不祭生人今祭生人無益死者故云無益云無用爲者無用爲此尸一解云無用爲者無用此之爲食是助語○若厭祭亦可乎○若如厭祭之時亦應可乎謂祭殤尸未入之前祭末尸既起之後並皆無尸直設饌食以厭飫鬼神如此之時其理亦可○注云厭時無尸○孔子曰祭成喪者必有尸○孔子荅祭以成人之喪者必須有尸以成人之喪威儀具備必須有尸以象神之威儀也尸必以孫若其孫幼則使人抱之若無孫則取同姓昭穆孫行適者可也以其成人威儀既備有爲人父之道不可無尸○祭殤必厭蓋弗成也○年若幼在殤人道未備威儀簡略不足可象不須立尸故祭殤必厭蓋弗成也者蓋以不成人故不立尸也今祭成人喪但厭飫而已是將成人與殤同也○孔子曰有陰厭有陽厭○孔子荅問已了更起別端辯祭殤之禮其適有異故記者又言孔子曰其祭殤有於陰厭者謂適殤也有於陽厭者謂庶殤也○曾子至陽厭○正義曰曾子既聞孔子云有陰厭有陽厭不解孔子之旨謂言祭殤始末一宗之中有此兩厭故問云祭成人之時有此二厭殤不祔祭祔備也謂祭殤當略何謂備有陰厭有陽厭也○注祔當至不備○正義曰知祔當爲備者按喪服小記云殤與無後者從祖祔食今云殤[illegible]祭與小記文違故破祔爲備以聲相近故云聲之誤也○云言殤至陰厭約特牲少牢禮文當設饌於西南[illegible]入之前也云尸謖之後改饌於西北隅謂之陽厭者當祭末[illegible]也謂尸起之後也

孔子曰宗子爲殤而死庶子[illegible]爲後也族人以其倫代之明不序昭穆立之廟其祭之就其祖而已代之者主其禮

疏孔子至後也○正義曰孔子更爲辯云若宗子爲殤而死以其未成人庶子不得代爲之後○注族人至其禮○正義曰以經云庶子既不爲後宗子理不可闕明族人以其倫代之倫謂輩也謂與宗子昭穆同者則代之凡宗子爲殤而死庶子既不得爲後不以父服服之○鄭注喪服云若與宗子期親者其長殤大功衰九月中殤大功衰七月下殤小功衰五月有大功之親者成人服之齊衰三月卒哭受以大功衰九月其長殤中殤大功衰五月下殤小功衰三月有小功之親者成人服之齊衰三月卒哭受以小功衰五月其殤與絕屬者同有緦麻之親者成人及殤皆與絕屬者同故喪服記云宗子孤爲殤而死者大功衰小功衰皆三月據與宗子小功以下及無服者長中殤則大功下殤則小功又云親則月算如邦人則鄭注是也此是族人以其倫代之者各以本服服之○云明不序昭穆立之廟以宗子殤死無爲人父之道故不序昭穆不得與代之者爲父也云代之者主其禮者以宗子存時族人凡殤死者宗子主其祭祀今宗子殤死明代爲宗子者主其禮也此宗子是大宗族人但是宗子兄弟行無限親疏皆得代之

其吉祭特牲尊宗子從成人也凡殤則特豚自卒哭成事之後爲吉祭祭殤不舉無肵俎無玄酒不告利成此其無尸及所降也其他如成人舉肺脊肵俎利成禮之施於尸者○肵音其又忌依反敬也是謂陰厭是宗子而殤祭之於奧之禮小宗爲殤其祭禮亦如之

疏其吉祭特牲○正義曰其卒哭成事之後

祭之以特牲○注尊宗至吉祭○正義曰士祭成人特牲今宗子祭亦特牲故云尊宗子從成人之禮也云凡殤則特豚
者以凡殤降宗子之殤故用特豚云自卒哭成事之後爲吉祭者檀弓云卒哭曰成事是日也以吉祭易喪祭熊氏云殤
與無後者唯祔與除服二祭則止此言吉祭者唯據祔與除服也庾云吉祭通四時常祭若如庾言殤與無後者之祭不
知何時休止未有聞焉經云吉祭特牲則喪祭之時以其未成人降用特豚也○祭殤至利成○謂祭此殤時不舉肺以
其無尸故不舉肺脊○無肵俎者肵是尸之所食歸餘之俎以其無尸故無肵俎○無玄酒者若祭成人則有玄酒重古
之義今祭殤既畧故無玄酒也不告利成者謂祭畢今既無所可告故不告利成利猶養也不告供養之禮成也○注此
其至尸者○正義曰以經云不舉肺無肵俎不告利成此三事本主於尸今以無尸故不爲故云此其無尸也玄酒之設
本不爲尸所有祭殤畧無玄酒是降也故云及所降也云舉肺脊肵俎利成禮之施於尸者按特牲少牢尸將食舉肺脊
又云上佐食設肵俎初載心舌肵者敬也主人敬尸之俎又云無筭爵祝東面告利成舉肺脊肵俎利成之禮並施於尸
也○是謂陰厭○此宗子殤死祭於祖廟之奧陰闇之處是謂陰厭也○注是宗至如之○正義曰鄭既云小宗爲殤祭
禮如大宗者以前經云宗子爲殤而死不顯大小故知凡宗子殤祭之禮皆然是以小宗爲殤祭禮亦如之必知此經指
大宗者以何休公羊注云小宗無子則絕大宗無子則不絕重適之本上文庶子不爲後謂大宗子在殤而死不得爲後
若非殤則得爲後故知是大宗也凡宗子成人而死則得立子孫爲後若立兄弟爲後則不可故成十五年
公羊傳譏仲嬰齊是公孫歸父之弟當云公孫嬰齊而云仲嬰齊者爲歸父之後譏其亂昭穆故云仲是也**凡殤與**
無後者祭於宗子之家當室之白尊于東房是謂陽厭凡殤謂庶子之適也或昆弟之子或從父昆
弟無後者如有昆弟及諸父此則今死者皆
宗子大功之內親共祖禰者言祭於宗子之家者爲有異居之道也無廟者爲墠祭之親者共其牲物宗子皆主其禮當
室之白尊於東房異於宗子之爲殤當室之白謂西北隅得戶明者也明者曰陽凡祖廟在小宗之家小宗祭之亦然宗
子之適亦爲凡殤過此以往則不祭也祭適者天子下祭五諸侯下祭三大夫
下祭二士以下祭子而止○適丁麻反下同如有昆弟一本作加有共其音恭**疏**凡殤至陽厭○正義曰凡殤謂非宗
子之殤故云凡殤無後者謂庶子之
身無子孫爲後此二者皆宗子大功內親祭於宗子之家祖廟之內不敢在成人之處故於當室之明白顯露之處爲之
設尊於東房以其明是陽故爲陽厭也○注凡殤至而止○正義曰謂庶子之適子爲殤而死此庶子之適一句與下文
爲總即是昆弟之子從父昆弟是也云或昆弟之子者謂宗子親昆弟所生之子是適其昆弟是庶子昆弟所生者是適
故云庶子之適云或從父昆弟者亦謂宗子之從父兄弟宗子之父身是適諸父是庶諸父所生之適子亦是庶子之適
故云或從父昆弟云無後者如有昆弟及諸父者如而也而有昆弟謂宗子之親庶兄弟與宗子同祖今既無後祭之當
於宗子祖廟及諸父謂宗子諸父身並是庶子與宗子同○曾祖祭之當於宗子曾祖之廟凡殤有二一昆弟之子祭之
當於宗子父廟二是從父昆弟祭之當於宗子祖廟其無後者亦有二一是昆弟無後祭之當於宗子祖廟二是諸父無
後祭之當於宗子曾祖之廟凡殤得祭者以其身是適故也無後者成人無後則祭若在殤而死則不祭以其身是庶故

也按小記云庶子不祭殤與無後者殤與無後者從祖祔食注云不祭殤者父之庶不祭無後者祖之庶但此經據死者
之身小記注據生者設祭之人宗子昆弟是庶不得自祭適子故云父之庶宗子之諸父自是庶不得祭所生適子適子
即是宗子從父兄弟故云父之庶不祭無後祖之庶者宗子昆弟無後而死其餘兄弟應祭之以兄弟並是祖庶不合立
廟故云祖之庶宗子諸父無後其餘諸父親者亦應合祭之以諸父並是庶子不合立祖廟故云祖之庶義與此不異也

云此則今死至其祖禰者從父兄弟是宗子大功親昆弟諸父是宗子期親諸父及從兄弟共祖者昆弟及昆弟之子共禰者鄭必限以大功內親共祖禰者以上文云吉祭特牲唯據士禮適士二廟有祖有禰下士祖禰共廟故鄭限以祖禰同者唯大功之內親也云言祭於宗子之家者爲有異居之道也禮大功以上同居命士以上則父子異宮故云有異居之道云無廟者爲墠祭之者士立二廟若祭諸父當宗子曾祖之廟宗子是士但有二廟無曾祖廟故云無廟者爲墠祭之推此而言大夫立三廟無太祖者其祭諸父得於曾祖廟也其立太祖廟者其祭諸父當於曾祖廟曾祖無廟亦爲墠祭之云親者共其牲物宗子皆主其禮大功雖有同財之義其經營祭事牲牢之屬親者主爲之又牲牢視親者之品命故云親者共其牲物就宗子之家祭其祖禰故云宗子皆主其禮云當室之白尊於東房以宗子之殤祭於室奧今祭凡殤乃於西北隅又特牲云尊於戶東注云室戶東按上文宗子之殤但不舉肺無肵俎無玄酒不告利成其餘皆與祭成人同則其尊亦設於室戶東今祭凡殤乃尊於東房故云當室之白尊於東房異於宗子之殤也云宗子之適亦爲凡殤者以上經云宗子爲殤而死據宗子身殤不論宗子適子也此明宗子適子父雖是適其子殤死亦爲凡殤以其更無別文故知與凡殤同云過此以往則不祭也者此謂宗子身殤及宗子昆弟之子及從父昆弟并宗子適子等唯此等殤死祭之過此以往皆不祭也云祭適者天子下祭五以下並祭法文彼注云祭適殤於廟之奧謂之陰厭是天子諸侯祭適殤於其廟奧彼注又云王子公子祭其適殤於其黨之廟大夫以下庶子祭其適殤於宗子之家皆當室之白謂之陽厭是王子以下及大夫等祭其適殤皆爲凡殤也彼注又云凡庶殤不祭以其身是庶若其成人無後則祭之則上文無後昆弟及諸父是也

大子

大子列於諸侯則不可廢

齊侯娶于魯曰顏懿姬無子其姪鬷聲姬生光以爲大子兄子曰姪顏鬷皆二姬母姓因以爲號懿聲皆謚○娶子住反姪直結反鬷子公反諸子仲子戎子戎子嬖諸子諸妾姪子者二子皆宋女○仲本亦作中音仲下皆放此嬖必計反仲子生牙屬諸戎子屬託之○屬音之蜀反注同戎子請以爲大子許之齊侯許之仲子曰不可廢常不祥廢立嫡之常○嫡本或作適丁歷反間諸侯難事難成也○間間廁之間光之立也列於諸侯矣列諸侯之會今無故而廢之是專黜諸侯謂光已有諸侯之尊而以難犯不祥也君必悔之公曰在我而已遂東大子光廢而徙之東鄙使高厚傅牙以爲大子夙沙衛爲少傅

齊侯疾崔杼徵逆光疾病而立之光殺戎子終言之○少詩照反下注公猶少同杼直吕反【疏】注終言之○正義曰知終言之者以云尸諸朝非禮下始云五月齊靈公卒莊公即位若非即位之後豈得尸戎子於朝故傳終言之尸諸朝非禮也婦人無刑無黥刖之刑○黥其京反刖音月又五刮反【疏】注無黥刖之刑○正義曰婦人淫則閉之於宮犯死不得不殺而云婦人無刑知其於五刑之中無三等刑耳三等墨劓刖也三等之刑墨輕刖重故舉其輕重而略其劓也周禮謂之墨尚書謂之黥黥墨爲一故依尚書言黥也服虔云婦人從人者也故不爲制刑及犯惡從男子之刑也若與男子俱受黥刖劓亦是婦人刑矣何獨主男子而婦人從之也劉難服云犯淫則男子割勢婦人閉宮豈得從男子乎雖有刑不在朝市謂犯死刑者猶不暴尸○暴蒲卜反夏五月壬辰晦齊靈公卒經書七月辛卯光定位而後赴莊公即位太子光也執公子牙於句瀆之丘以夙沙衛易已衛奔高唐以叛光謂衛教公易已高唐在祝柯縣西北○句古侯反瀆音豆

襄十九

日記雜年錄、稿草

白鹿正讀詞的論文字

用予尉

又以傳之法　弟無時不敬於書人

國書法　主廓能稱者多以其書人

之二法

使 收

以諸侯踰年即位 知天子踰年即位
天子三年稱王 諸侯三年稱子
天喪不可從人情乎 字——三年

九年春毛伯來求金毛伯者何天子之大夫也何以不稱使據南季稱使疏毛伯者何○解云欲言諸侯經不書朝欲言大夫又
不言使故執不知問○注據南季稱使解云即隱九年春天王使南季來聘是當喪未君也時王新有三年喪疏注時王新有三年喪○解云即去年八月天王崩是也踰年矣何以
謂之未君據崩在八年踰年當即位即位矣而未稱王也未稱王何以知其即位以諸侯之踰年即位亦
知天子之踰年即位也俱繼體其禮不得異以天子三年然後稱王亦知諸侯於其封内三年稱子也
各信恩於其下○信音申踰年稱公矣則曷爲於其封内三年稱子緣民臣之心不可一日無君緣終始
之義一年不二君故君薨稱子某既葬稱子明繼體以繫民臣之心疏踰年稱公解云莊二十年師解云爾故據難之不可曠年無君故踰年稱公緣孝子之
心則三年不忍當也孝子三年志在思慕不忍當父位故雖即位猶於其封内三年稱子子張曰書云高宗諒闇三年不言何謂也孔子曰何必高宗古之人皆然君薨百官總已以聽冢宰三年○諒音亮
又音良闇如字又音陰毛伯來求金何以書譏何譏爾王者無求求金非禮也然則是王者與據未稱王○與音餘
曰非也非王者則曷爲謂之王者王者無求曰是子也雖名爲三年稱子者其實非唯繼父之位繼文王之體守
文王之法度文王之法無求而求故譏之也引文王者文王始受命制法度

文九

使以

舍弱立長

地有紀鄭紀二名東海贛榆縣東北有紀城○是歲也鄭駟偃卒子游娶於晉大夫生絲弱子游駟偃也弱幼少○少詩照反其父兄立子瑕子瑕子游叔父駟乞疏注子瑕子游叔父○正義曰案世本子游子瑕並公孫夏之子杜云叔父未詳子產憎其爲人也憎子瑕且以爲不順舍子立叔不順弗許亦弗止許之爲違禮止之爲違衆故立之駟氏聳聳懼也○聳息勇反疏注聳懼也○正義曰釋詁云竦懼也竦與聳音義同他日絲以告其舅冬晉人使以幣如鄭問駟乞之立故駟氏懼駟乞欲逃子產弗遣請龜以卜亦弗予大夫謀對子產不待而對客曰鄭國不天不獲天福寡君之二三臣札瘥夭昏大死曰札小疫曰瘥短折曰夭未名曰昏○札側八反一音截字林作殅壯列反云夭死也瘥才何反字林作㾴天於表反昏如字疫音役疏注大死至曰昏正義曰此皆賈逵言也周禮大司樂云大札令弛縣鄭玄云札疫癘也是札大疫死也爾雅云瘥病也以此說死事而與札相對故解爲小疫也成二年傳說鄭靈公早死云夭子蠻是夭爲少死也尚書六極一曰凶短折孔安國云短未六十折未三十是今短折爲早死之名故爲夭也子生三月父名之未名之曰昏謂未三月而死也未名不得爲臣摠說諸死連言之耳又喪我先大夫偃其子幼弱其一二父兄懼隊宗主私族於謀而立長親於私族之謀宜立親之長者○喪息浪反隊直類反長丁丈反注同疏懼隊宗主○正義曰大夫繼世爲一宗之主恐隊失之也服虔云祏主藏於宗廟故曰宗主少牢饋食大夫禮也大夫無主何所隊乎寡君與其二三老曰抑天實剝亂是吾何知焉言天自欲亂駟氏非國所知○剝邦角反疏二三老○正義曰二三老者鄭之卿大夫也服虔云二三老駟偃家臣上言私族於謀而立長親豈得家臣不知也諺曰無過亂門民有亂兵猶憚過之而況敢知天之所亂今大夫將問其故抑寡君實不敢知其誰實知之平丘之會在十三年○諺音彥過古禾反下同一音古臥反憚待旦反君尋舊盟曰無或失職若寡君之二三臣其卽世者晉大夫而專制其位是晉之縣鄙也何國之爲辭客幣而報其使晉人舍之遣人報晉使○使所吏反注同○楚人城州來沈尹戌曰楚人必敗十三年吳滅州來今就城而取之戌莊王曾孫葉公諸梁父也○戌音恤葉始涉反昔吳滅州

使遂

昭九

隱公

立適以長不以賢
立子以貴不以長

子以母貴母以子貴

適（防同時生）
適夫子—右媵—左媵—嫡姪娣—右媵姪
娣—左媵姪娣
質家親親先立娣
文家尊尊先立姪

嫡子有孫而死 質家親親先立弟
文家尊尊先立孫
後生 先生

隱長又賢何以不宜立。據賢繆公與大夫獲且長以得立 疏 注據賢至大夫。解云文十二年經書秦伯使遂來聘傳云秦無大夫此何以書賢繆公也何賢乎繆公以爲能變也注云感而自變悔遂霸西戎故因其能聘中國善而與之使有大夫也今此亦善隱能讓何故不與使得立乎故難之。注獲且長以得立。解云文十四年晉人納捷菑于邾婁傳曰貴則皆貴矣雖然獲且也長彼以獲且長故傳與邾婁人立之今此隱亦長何故不宜立乎故難之然則傳言長據獲且傳言賢據繆公而何氏先解繆公者以其事在前故

立適以長不以賢立子以貴不以長 適謂適夫人之子尊無與敵故以齒子謂左右媵及姪娣之子位有貴賤又防其同時而生故以貴也禮嫡夫人無子立右媵右媵無子立左媵左媵無子立嫡姪娣嫡姪娣無子立右媵姪娣右媵姪娣無子立左媵姪娣質家親親先立娣文家尊尊先立姪嫡子有孫而死質家親親先立弟文家尊尊先立孫其雙生也質家據見立先生文家據本意立後生皆所以防愛爭。姪娣夫結反下大計反爭爭鬭之爭下同

桓何以貴 據俱公子也 母貴也 據桓母右媵 母貴則子何以貴 據俱言公子 子以母貴 以母秩次立也 母以子貴 禮妾子立則母得爲夫人夫人成風是也 疏 注夫人成風。解云即文四年冬十有一月壬寅夫人風氏薨五年三月辛亥葬我小君成風是也

公 隱元

此當時何危爾宣公謂繆公曰以吾愛與夷則不若愛女以爲社稷宗廟主則與夷不若女盍終爲君矣與夷者宣公之子繆公者宣公之弟○與夷如字又音餘凡人名字及地名之類皆放首音借假字則時復重出愛女音汝下及注同盍終戶臘反四年傳同疏當時至葬也○解云即此年八月宋公和卒十二月癸未葬宋繆公是也而注不言之者以下有問不注可知也○以吾至愛女○解云若如也言吾愛於與夷則不止如女而已言其甚也云以爲社稷宗廟主則與夷不若女者言不如女道其不賢云盍終爲君矣者何不遂爲君不聽其反讓宣公死繆公立繆公逐其二子莊公馮與左師勃左師官勃名也○馮皮冰反曰爾爲吾子生毋相見死毋相哭所以遠絕之○生毋音無下同與夷復曰復報先君之所爲不與臣國而納國乎君者以君可以爲社稷宗廟主也今君逐君之二子而將致國乎與夷此非先君之意也且使子而可逐則先君其逐臣矣繆公曰先君之不爾逐可知矣爾女也可知者欲使我反國○吾立乎此攝也暫攝行君事不得傳與子也謙辭○傳與直專反下音與終致國乎與夷莊公馮弒與夷馮與督共弒殤公在桓二年危之於此者死乃反國非至賢之君不能不爭也○馮弒音試注同爭爭鬬之爭疏注馮與至二年○解云即桓二年春王正月戊申宋督弒其君與夷及其大夫孔父是也○注死乃至爭也○解云至賢之君謂受國者正以與夷不賢故終見篡矣故君子大居正明脩法守正最計之要者疏故君子大居正○解云言由是之故君子之人大其適子居正不勞違禮而讓庶也宋之禍宣公爲之也言死而讓開爭原也繆公亦死而讓得爲功者反正也外小惡不書錄禍隱者明諸侯卒王者當加恩意憂勞其國所以哀死閔患也疏注言死而至原也○解云言後人見其死乃讓已疑非誠心至意是以還讓其子終致後禍故曰開爭原也○注繆公至反正也○解云其繆公之功即桓二年馮弒君是也○注所以哀死閔患也○解云哀死者即優之屬是也閔患者隱之是也

傳例

○冬十

有二月衞人立晉晉者何公子晉也以下有衞侯晉卒文言立疏晉者何○解云欲言次正而文言立欲言非正而舉衆立之故執不知問○注以下至言立○解云以有衞侯晉卒則知此文衞人立晉者是先君之子今始立為之君矣又言立者篡文知非正大子故知公子矣其衞晉侯卒在桓十二年冬

立者何立者不宜立也諸侯立不言立此獨言立明不宜立之辭疏立者何○解云諸侯之立例所不書今特言立故執不知問

其稱人何据尹氏立王子朝也疏注据尹至朝也○解云在昭二十三年秋

衆立之之辭也晉得衆國中人人欲立之

然則孰立之石碏立之石碏立之則其稱人何据尹氏立王子朝不稱人○碏七略反一音十洛反

衆之所欲立也衆雖欲立之其立之非也凡立君為衆衆皆欲立之嫌得立無惡故使稱人見衆言立也明下無廢上之義聽衆立之篡也不剌嗣子失位者時未當喪典主得權重也月者大國篡例月小國時立納入皆為篡卒日葬月達於春秋為大國例主書從受位也○篡初患反○疏注不剌至權重也○解云剌桓公嗣子失位者即不書晉之立矣故襄十四年衞侯衎出奔齊襄二十六年傳云曷為不言剌之立不言剌之立者以惡衞侯也彼注云欲起衞侯失衆出奔故不書剌立剌立無惡則衞侯惡明矣今書晉立則不剌嗣子可知○注月者至國時○解云大國篡例月者即此文冬十二月衞人立晉莊六年夏六月衞侯朔入于衞哀六年秋七月齊陽生入于齊之屬是也而莊九年夏齊小白入于齊不月者彼注云不月者移惡于魯也其小國時者即僖二十五年秋楚人圍陳納頓子于頓昭元年秋莒去疾自齊入于莒之屬是也○注立納入皆為篡解云立為篡者此文衞人立晉昭二十三年尹氏立王子朝之屬是也其納為篡者納頓子于頓及文十四年晉人納接菑之屬是也其入為篡者小白陽生之屬是也○注卒月至大國例○解云隱八年夏六月己亥蔡侯考父卒秋八月葬宣公之屬是也○注主書從受位也○解云謂主惡晉之從立矣

立不宜立一字立之之辭

非其立之非也

立納入皆爲篡

傳以

男子年六十閉房無世子乃命貴公子——將薨亦
如之——未滿六十無立庶子爲世子法

其爲尊卑也微姪娣媵也。媵以證反又繩證反國人莫知國人謂國中凡人莫知者言惠公不早分別也男子年六十閉房無世子則命貴公子將薨亦如之

疏注國人至別也。○解云古者一娶九女一嫡二媵分爲左右尊卑權寵灼然則朝廷之上理應悉知今此傳云國人不知明是國內凡人也雖然事大非小若早分別亦應知悉故注言惠公不早分別是其義也。○注男子至如之。○解云男子六十陽道閉藏若仍無世子其正夫人必無有生世子之理故命貴公子以爲世子也若未滿六十則無立庶子爲世子之法何者立而復黜是乃亂道故也然則言閉房者行房之事閉也知男子六十陽道閉藏者家語云男女不六十者不閒居閒居不禁閉房明矣言將薨亦如之者謂未滿六十者將薨之時亦命貴公子矣

公隱元

傳明

與桓成父之惡 為子廢父之教 隱未得道

公何以不言即位據文公言即位疏注據文公言即位釋曰不據桓公者文公繼正即位正也桓繼故即位非正故不據之成公志也成隱讓桓之志焉成之言君之不取爲公也言隱意不取爲魯君也公君也上言君下言公互辭○爲於虔反君之不取爲公何也將以讓桓也讓桓正乎曰不正隱長桓幼○長丁丈反又作丈音同疏注隱長桓幼○釋曰傳云讓桓不正注何以知隱長桓幼不是隱嫡桓庶者若隱嫡桓庶先君焉得欲立之隱焉得探先君邪心而讓之傳言天倫則貴賤相似可知又云受之天子隱非嫡明矣春秋成人之美不成人之惡隱不正而成之何也將以惡桓也不明讓者之善則取者之惡不顯○之惡烏各反下注之惡同惡桓烏路反下其惡桓同疏春秋至桓也○釋曰此云春秋成人之美下云春秋貴義而不貴惠顯言春秋者讓者人之善事而傳稱小道危疑之理恐人不信故廣稱春秋之理以明之下既以隱爲善又惡其不正亦恐人不信故言春秋貴義而不貴惠也○注不明至不顯○釋曰謂不言公之即位是明讓者之善讓者之善既明則取者之惡自然顯也其惡桓何也隱將讓而桓弒之則桓惡矣桓弒而隱讓則隱善矣善則其不正焉何也據善無不正○弒申志反又作殺如字後皆同春秋貴義而不貴惠惠謂私惠信道而不信邪信申字古今所共用○信音申邪似嗟反下及注皆同孝子揚父之美不揚父之惡先君之欲與桓非正也邪也雖然既勝其邪心以與隱矣終歸之於隱是以正道制邪心已探先君之邪志而遂以與桓則是成父之惡也兄弟天倫也兄先弟後天之倫次○探吐南反爲子受之父爲諸侯受之君隱爲世子親受命於惠公爲魯君已受之於天王也已廢天倫而忘君父以行小惠曰小道也弟先於兄是廢天倫私以國讓是忘君父疏小道也○釋曰伯夷叔齊及大伯等讓國史傳所善今隱讓國而云小道者伯夷爲世子其父尚存兄弟交讓而歸周父沒之後國人立其中子可謂求仁而得仁故以爲善今隱公上奉天王之命下承其父之託百姓已歸四鄰所與苟探先君之邪心而陷父於不義開篡弒之原啓賊臣之路卒使公子翬乘釁而動自害其身故謂之小道至於大伯則越禮之高以與周室不可以常人難之若隱者可謂輕千乘之國蹈道則未也未履居正之道○乘繩證反公侯之國賦千乘蹈道上徒報反履行之名也下如字

十三經注疏　穀梁一　隱公元年　一

穀隱元

立納入皆篡

非正嫡謂之篡

○冬十有二月衛人立晉立納入皆篡也大國篡例月小國時疏注立納至國時○釋曰案莊九年齊小白入于齊傳曰以惡曰入文十四年晉人納捷菑傳曰不正也此云立者不宜立者也是三者皆爲篡也大國篡例月者即此冬十有二月衛人立晉是也小國時者昭元年秋莒去疾自齊入于莒是也齊小白入于齊齊是大國而不月者與公伐齊同時既例不月故小白亦不月王子猛不月者王猛雖則非正事異諸侯故不書月也衛人者衆辭也立者不宜立者也嗣子有常位故不言立晉之名惡也惡謂不正○惡也烏各反其稱人以立之何也得衆也得衆則是賢也賢則其曰不宜立何也春秋之義諸侯與正而不與賢也雍曰正謂嫡長也夫多賢不可以多君無賢不可以無君立君非以尚賢所以明有統也建儲非以私親所以定名分名分定則賢無亂長之階而自賢之禍塞矣君無嬖幸之由而私愛之道滅矣○嫡丁歷反長丁丈反下同儲直魚反分扶問反嬖必計反疏春秋之義○釋曰言春秋者得衆而言立恐理不相合故廣稱春秋以包之

穀梁

○石駘仲卒。駘仲衛大夫石碏之族。○駘大來反碏七略反無適子，有庶子六人，卜所以爲後者。莫適立也。○適下歷反注同曰：沐浴佩玉則兆。言齊絜則得吉兆。○齊側皆反五人者皆沐浴佩玉。石祁子曰：孰有執親之喪而沐浴佩玉者乎？不沐浴佩玉。心正且知禮石祁子兆。衛人以龜爲有知也。

【疏】石駘至知也。○正義曰：此一節論龜兆知賢知之事，各依文解之。○卜所至則兆。○既有庶子六人，莫適立也，故卜所以堪爲後者，其掌卜之人謂之曰：若沐浴佩玉則得吉兆。所以須有卜者，春秋左氏之義，故昭三十六年云「年鈞以德，德鈞以卜，王不立愛，公卿無私」。若公羊隱元年云「立適以長不以賢，立子以貴不以長」。何休云：「適夫人無子，立右媵；右媵無子，立左媵；左媵無子，立嫡姪娣；嫡姪娣無子，立右媵姪娣；右媵姪娣無子，立左媵姪娣。質家親親先立娣，文家尊尊先立姪。嫡子有孫而死，質家親親先立弟，文家尊尊先立孫。其雙生也，質家據見立先生，文家據本意立後生。」何休作膏肓難左氏云：「若其以卜，隱桓以禍皆由此作，乃曰古制，固亦謬矣。」鄭箴之云：「立長以嫡不以賢，固立長矣；立子以貴不以長，固立貴矣。若長均貴均，何以別之？故須卜。禮有詢立君、卜立君，是有卜也。」是從左氏之義。○孰有至者乎。○居親之喪，必衰絰憔悴，安有居親之喪而沐浴佩玉者乎？言不可。鄭云「心正且知禮」者，不信邪言，是心正；居喪不沐浴佩玉，是知禮也。

使以卜筮

叔孫使告之曰

公衍公爲實使羣臣不得事君二子始謀逐季氏疏注二子至季氏○正義曰謀逐季氏公爲爲之傳文不言公衍謀也但以公衍見復爲大子季氏欲偶廢之故言此耳

若公子宋主社稷則羣臣之願也宋昭公弟定公凡從君出而可以入者將唯子是聽子家氏未

有後季孫願與子從政此皆季孫之願也使不敢以告不敢叔孫成子名對曰若立君則有卿士大

夫與守龜在羈弗敢知若從君者則貌而出者入可也義出謂以義從公與季氏無實怨○守手又反寇而出者行可

也與季氏爲寇讎者自可去若羈也則君知其出也君昭公而未知其入也羈將逃也喪及壞隤公子宋先

入從公者皆自壞隤反出奔○壞徐音懷又戶怪反隤徒回反六月癸亥公之喪至自乾侯戊辰公卽位諸侯薨五日而

定元

继承古风

取之由是得罪得罪謂魯人薄之故子孫不得志於魯立胡女敬歸之子子野胡歸姓之國敬歸襄公妾次于季氏秋九月癸巳卒毁也過哀毁瘠以致滅性。瘠在亦反○已亥孟孝伯卒終穆叔言立敬歸之娣齊歸之子公子裯齊謚裯昭公名。娣大計反齊歸如字注同裯直由反穆叔不欲曰大子死有母弟則立之無則長立立庶子則以年。長丁丈反年鈞擇賢義鈞則卜古之道也先人事後卜筮也義鈞謂賢等非適嗣何必娣之子言子野非適嗣。適丁歷反且是人也居喪而不哀在慼而有嘉容是謂不度不度之人鮮不爲患若果立之必爲季氏憂武子不聽卒立之比及葬三易衰衰衽如故衰言其嬉戲無度。鮮息淺反比及必利反一本無及字三如字又息暫反衰本又作縗亦作褑同七雷反下同衽而甚反徐而鴆反裳下也嬉許其反疏衽。正義曰喪服注云衽爲兩燕尾凡用布三尺五寸上正一尺兩燕尾袤袤裁二尺五寸下廣四寸綴於身旁所以掩裳際也於是昭公十九年矣猶有童心君子是以知其不能終也爲昭二十五年公孫於齊傳○冬十月滕成公來會葬惰而多涕惰不敬也。惰徒卧反涕他禮反子服惠伯曰滕君將死

小傳

無遺言者，毋爲曰。

何休難羊鈎以依鄭言政可斥之詢焉

左氏作之其先之文乃已

僖卅

善讓國

成十六

○公會尹子晉侯齊國佐邾婁人伐鄭○曹伯歸自京師執而歸者名曹伯何以不名而不言復歸于曹何據曹伯襄復歸于曹疏注據曹伯襄復歸于曹○解云在僖二十八年冬易也易故未言之不復舉國名○易以豉反注及下同復扶又反下而復同其易奈何公子喜時在內也公子喜時在內則何以易據本簒喜時也○喜時左傳作欣時公子喜時者仁人也內平其國而待之和平其臣民令專心于負芻○令力呈反外治諸京師而免之訟治于京師解免使來歸其言自京師何據僖二十八年晉人執衛侯歸之于京師後復歸于衛俱天子所歸不言自京師不連歸問者嫌自京師天子有力文言甚易欲并問力文與上說喜時錯疏注據僖二十八年至言自京師○解云即僖二十八年冬晉人執衛侯歸之于京師三十年秋衛侯鄭歸于衛是也○注不連歸問至喜時錯○解云問者之意欲道僖三十年衛侯鄭歸于衛亦是天子所歸不言自京師今曹伯亦為天子所歸獨言自京師文相違背故問之若連歸問云其言歸自京師何即嫌歸自京師者乃是天子有力之文似若僖二十八年冬衛元咺自晉復歸于衛傳云自者何有力焉者也然上說言其所以易正猶公子喜時之力若此處并問天子有力之文即與上說喜時之力自相違言甚易也舍是無難矣言歸自京師者與內據臣子致公同文欲言甚易也舍此所從還無危難矣主所以見曹伯歸本據喜時平國反之書非錄京師有力也執歸書者賢喜時為兄所篡終無怨心而復深推精誠以免其難非至仁莫能行之故書起其功也○舍是音捨注同下傳舍臣放此無難乃旦反注同疏注言歸自京師者至致公同文○解云與上十三年公至自京師相似○注執歸書者至起其功也○解正以僖十九年宋人執滕子嬰齊二十一年執宋公之屬皆不書其歸也若然僖二十八年春晉侯執曹伯以畀宋人冬晉人執衛侯歸之于京師曹伯襄復歸于曹三十年秋衛侯鄭復歸于衛皆是被執而書之者曹伯之下注云執歸不書書者名惡當見衛侯之下注云執歸不書上書者名惡當見是也

周室無令凡諸侯之(喜)子孫(冠)于天子
極善則生君之亂下學 經春秋穀梁年
李作作其學謝將來相向國夫之亂且是而

傳家書札

○秋季孫有疾命正常曰無死（正常桓子之寵臣欲付以後事故勑令勿從已死○令力呈反）南孺子之子男也則以告而立之（南孺子季桓子之妻言若生男告公而立之○孺如住反）女也則肥也可（肥康子也）季孫卒康子即位既葬康子在朝（在公朝也）南氏生男正常載以如朝告曰夫子有遺言命其圉臣曰南氏生男則以告於君與大夫而立之今生矣男也敢告遂奔衛康子請退（退辟位也）公使共劉視之（共劉魯大夫○共音恭）則或殺之矣乃討之（討殺者）召正常正常不反（畏康子也傳備言季氏家事）疏召正常正常不反○正義曰服虔云召而問兒死意然則兒於正常去後始死死非正常得知召之復何所問也當欲問不近康子之意故正常畏康子不反○冬十月晉趙鞅圍朝歌師于其南（范中行所在）荀寅伐其郛（伐其北郛圍○）

卷三

天

怪

杭

節之間々杭之蓋無之生則避往生非以菁即

其如萬獲肯肥

要有檢覈近服相當求裘之詞

傳承

生立子爲君

○五月公會晉侯齊侯宋公衛侯曹伯伐鄭晉侯太子州蒲也稱爵見其生代父居位失人子之禮。見賢遍反疏注晉侯至之禮。正義曰如傳文知晉侯是大子也漢末有汝南應劭作舊名諱議云昔者周穆王名滿晉厲公名州滿又有王孫滿是同名不諱則此爲州滿或兩州滿誤耳今定本作蒲傳無譏文知譏其生代父位失人子之禮者傳稱凡在喪公侯曰子父喪代位尚不稱君生代父位譏之必矣傳言立大子以爲君若其不譏則不須此傳是顯其譏之意

成十

使在前年。大音泰使所吏反下及注使在同○衛子叔黑背侵鄭晉命也晉命衛使侵鄭○鄭公子班聞叔申之謀改立君之謀三月子如立公子繻子如公子班。繻音須夏四月鄭人殺繻立髡頑子如奔許髡頑鄭成公大子。髡苦門反頑如字徐五班反欒武子曰鄭人立君我執一人焉何益不如伐鄭而歸其君以求成焉晉侯有疾五月晉立大子州蒲以爲君而會諸侯伐鄭生立子爲君此父不父子不子經因書晉侯其惡明。州蒲本或作州滿鄭子罕賂以襄鍾子罕穆公子襄鍾鄭襄公之廟鍾。子然盟于脩澤子駟爲質子然子垂皆穆公子熒陽卷縣東有脩武亭。質音致卷音權字林丘權反如淳漢書同音辛巳鄭伯歸鄭伯歸不書鄭不告入

成十

鄭衆以爲隱公攝立爲君奉桓爲大子案傳言立而奉之是先立後奉之也若隱公先立乃後奉桓則隱立之時未有大子隱之爲君復何所攝若先奉大子乃後攝立不得云立而奉之是鄭之謬也賈逵以爲隱立桓爲大子奉以爲君隱雖不即位稱公改元號令於臣子朝正於宗廟言立桓爲大子可矣安在其奉以爲君乎是賈之妄也襄二十五年齊景公立傳云崔杼立而相之以此知立而奉之謂立爲大子帥國人奉之正謂奉之以爲大子也元年傳曰大子少是立爲大子之文也大子者父在之稱今惠公已薨而言立爲大子者以其未堪爲君仍處大子之位故也禮記曾子問曰君薨而世子生是君薨之後仍可以稱大子也

傳元年春王周正月言周以別夏殷。○別彼列反夏戶雅反三代之號可以意求**不書即位攝也**假攝君政不修即位之禮故史不書於策傳所以見異於常。○見賢遍反

疏不書即位攝也。○正義曰攝訓持也隱以桓公幼少且攝持國政待其年長所以不行即位之禮史官不書即位仲尼因而不改故發傳以解之公實不即位史本無可書莊閔僖不書即位義亦然也舊說賈服之徒以爲四公皆實即位孔子脩經乃有不書故杜辯之釋例曰遭喪繼位者每新年正月必改元正位百官以序故國史皆書即位於策以表之隱既繼室之子於弟應立而奉父娶仲子之意委位以讓桓天子既已定之諸侯既已正之國人既已君之而隱終有推國授桓之心所以不行即位之禮也隱莊閔僖雖居君位皆有故而不修即位之禮或讓而不爲或痛而不忍或亂而不得禮廢事異國史固無所書非行其禮而不書於文也潁氏謬以爲魯十二公國史盡書即位仲尼修之乃有所不書若實即位則爲隱公無讓若實有讓則史無緣虛書是言實不即位故史不書也傳於隱閔云不書即位於莊僖云不稱即位者釋例曰丘明於四公發傳以不書不稱起文其義一也劉賈潁爲傳文生例云恩深不忍則傳言不稱恩淺可忍則傳言不書傳據傳辭殊多不通案殺欒盈則云不言大夫殺良霄則云不稱大夫君氏卒則云不曰薨不言葬不書姓鄭伯克段則云稱鄭伯此皆同意而別文之驗也傳本意在解經非曲文以生例是言不書不稱義同之意也賈何休以爲古制諸侯幼弱天子命賢大夫輔相爲政無攝代之義昔周公居攝死不記崩今隱公生稱侯死稱薨何因得爲攝者周公攝政仍以成王爲主直攝其政事而已所有大事稟王命以行之致政之後乃死故卒稱薨不稱崩隱公所攝則位亦攝之以桓爲大子所有大事皆專命以行攝位被殺在君位而死故生稱公死稱薨是與周公異也且公羊以爲諸侯無攝鄭康成引公羊難云宋穆公云吾立乎此攝也以此言之何得非左氏是鄭意亦不從何說也下傳曰公攝位而欲求好於邾是位亦攝也又曰惠公之薨也大子少是以桓爲大子也所以異於正君者元年不即位行還不告廟不臨惠公之葬不成聲子之喪尊仲子爲夫人薨則赴於諸侯又爲之立廟此是謙之實也隱公讓位賢君故爲春秋之首所以不入頌者魯僖公之時周王歲二月東巡守至于岱宗柴季孫行父爲之請於周大史克爲之作頌故得入頌隱公無人爲請故不入頌也

○秋七月天王使宰咺來歸惠公仲子之賵宰官咺名也賵死不及尸弔生不及哀豫凶事故貶而名之此天子大夫稱字之例仲子者桓公之母婦人無謚故以字配姓來者自外之文歸者不反之辭。○咺吁阮反賵芳鳳反

疏秋七月至之賵。○正義曰天王周平王也譜云周黃帝之苗裔姬姓后稷之後也后稷封於邰及夏之衰后稷之子不窋失其官竄於西戎至大王爲狄所逼去邠居岐文王受命武王克殷而王有天下幽王爲犬戎所殺平王遷都王城今河南縣是也平王四十九年魯隱公之元年也敬王又遷成周今洛陽是也敬王三十九年獲麟之歲也四十三年而敬王崩敬王子元王九年春秋之傳終矣元王以下十一世二百二十六年而周亡也周本紀武王至平

君位

簒立者與會則不得復討臣子殺之與弒君同

夏 宣元

季文子如齊納賂以請會宣公簒立未列於會故以賂請之○簒初患反○晉人討不用命者放胥甲父于衛胥甲下軍佐文十二年戰河曲不肯薄秦於險疏注胥甲至於險○正義曰案彼傳胥甲與趙穿同罪放胥甲而舍趙穿者於時趙盾爲政穿見晉君之壻或本罪輕於胥甲故得无咎而立胥克克甲之子先辛奔齊辛甲之屬大夫○會于平州以定公位簒立者諸侯既與之會則不得復討臣子殺之與弒君同故公與齊會而位定○復扶又反疏注簒立至位定○正義曰春秋之世王政不行諸侯自相推戴廢立不由天子簒弒而立則鄰國討之若與之會則序之於列成其爲君諸侯既已爲會則臣子不得復討若其殺之則與弒君罪同宣公殺子惡而取國常畏魯人討已心不自安納賂請會故既與齊會而公位乃定成十五年戚之會討曹成公成公得列于會後曹人請于晉曰先君無乃有罪乎若有罪則君列諸會矣是列會則位定也○東門襄仲如齊拜成謝得會也○六月齊人取濟西之田爲立公故以賂齊也濟西故曹地僖三十一年晉文以分魯○爲于僞反○宋人之弒昭公也在文十六年晉荀林父以諸

封建

諸侯不命於天子則不成爲君

王母弟初出封其車服如上公，與蕃世子[illegible][illegible][illegible][illegible]

命數

天子命諸侯必以命服賜之

諸侯大夫當命者亦賜以命服之

侯伯之卿亦依本國之命

豈曰無衣七兮，侯伯之禮七命冕服七章。箋云：我豈無是七章之衣乎？晉舊有之，非新命之服。不如子之衣安且吉兮。諸侯不命於天子則不成爲君。箋云：武公初并晉國，心未自安，故以得命服爲安。疏豈曰至吉兮。正義曰：此皆請命之辭。晉大夫美武公能并晉國而未得命服，故爲之請於天子之使曰：我晉國之中豈曰無此衣之七章兮？晉舊有之矣，但不如天子之衣，我若得之，則心安而且又吉兮。天子命諸侯必賜之以服，故請其衣。就天子之使請天子之衣，故云子之衣也。諸侯不命於天子則不成爲國君，武公并晉，心不自安，故得王命服則安且吉兮。傳侯伯至七章。正義曰：此解指言七兮之意。晉，唐叔之封，爵稱侯，侯伯之禮冕服七章，故請七章之衣。春官典命云：侯伯七命，其國家宮室車旗衣服禮儀皆以七爲節。秋官大行人云：諸侯之禮，執信圭七寸，冕服七章。是七命七章之衣。案春官巾車云：金路鉤樊纓九就，建大旂，以賓同姓以封。注云：同姓以封，謂王子母弟率以功德出封，雖爲侯伯，其衣服猶如上公，若魯衛之屬。然則唐叔是王之母弟，車服猶如上公，上公之服九章，此大夫不請九章之服而請七章者王子母弟車服得如上公無正文正以周之建國唯二王之後稱公其餘雖大皆侯伯也故云同姓以封必是封爲侯伯侯伯以七爲節而金路樊纓九就則知王子母弟初出封者車服猶如上公故得以九爲節如上公者唯王子母弟一身若唐叔耳其後世子孫自依爵命之數故請七章之衣也。傳諸侯至爲君。正義曰此解得衣乃安之意諸侯者天子之所建不受命於天子則不成爲君故不得衣則不安也必請衣者文元年天王使毛伯來錫公命公羊傳曰錫者何賜也命者何加我服也是王命諸侯必皆以衣賜之故請衣也案大宗伯云王命諸侯則儐莊元年穀梁傳云禮有受命無來錫命錫命非正也然則諸侯當往就天子受命此在國請之者天子賜諸侯之命其禮亡案春秋之世魯文公成公晉惠公齊靈公皆是天子遣使賜命左傳不譏之則王賜諸侯之命有召而賜之者有遣使賜之者穀梁之言非禮意也此武公以孽奪宗故心不自安得命乃安也及世家稱武公厚賂周僖王僖王乃賜之命是於法武公不當賜之美之者其臣之意美之耳。**豈曰無衣六兮。**天子之卿六命車旗衣服以六爲節箋云變七言六者謙也不敢必當侯伯得受六命之服列於天子之卿猶愈乎不。**疏**傳天至爲節。正義曰典命云王之三公八命其卿六命其國家宮室車旗衣服禮儀亦如之是毛所據之文也云車旗者蓋謂卿從車六乘旌旗六旒衣服者指謂冠弁也飾則六玉冠則六辟積夏官射人云三公執璧與子男同也則其服亦毳冕矣三公既毳冕則孤卿服絺冕大夫服玄冕則司服注云絺冕衣一章裳二章玄冕衣無文裳刺黻而已然則絺冕之服止有三章而此云六爲節不得爲卿六章之衣故毛鄭並不云章或者司服之注自說天子之服隆殺之差其臣自當依命數也。箋變七至愈乎不。正義曰傳正解六兮爲天子之卿服不解晉人請六章之服意故箋申之今晉實侯爵之國非天子之卿所以請六章衣者謙不敢必當侯伯之禮故求得受六命之服次列於天子之卿猶愈乎不愈猶勝也言已若得六章之衣猶勝不也上箋解七章之衣言晉舊有之此不言晉舊有之者晉國舊無此衣不得言舊有也檢晉之先君見經傳者獻父事康王文侯輔平王有爲天子卿者但侯伯入爲卿士依其本國之命不服六章之衣故鄭荅趙商云諸侯入爲卿大夫與在朝仕者異各依本國如其命數是其不降本國不服六章也鄭知然者以大車陳古之天子大夫行決男女之訟經云毳衣如菼則是子男入爲大夫得服毳冕故知入仕王朝者各依本國之命晉之先世不得有六章之衣實無六章之衣而云豈曰無衣六者從上章之文飾辭以請命耳非實有也。**不如子之衣安且燠兮。**燠暖也。○奥本又作燠於六反煖奴緩反**疏**傳燠煖也。正義曰釋言文

林民

祠堂人

至明世高黃光王令

吳信

出行至必有利得福。吾賢長子兵部事而

二子主盛，了主國計，保稚不習之意言之

兄讓明頓首

見信

其後秦伐趙拔石城〔集解〕徐廣曰惠文王十八年〔索隱〕劉氏云蓋謂石邑也〔正義〕故石城在相州林慮縣南九十里也明年復攻趙殺二萬人秦王使使者告趙王欲與王爲好會於西河外澠池〔索隱〕在西河之南故云外按表在趙惠文王二十年趙王畏秦欲毋行廉頗藺相如計曰王不行示趙弱且怯也趙王遂行相如從廉頗送至境與王訣曰王行度道里會遇之禮畢還不過三十日三十日不還則請立太子爲王以絕秦望

王語

史記廉頗藺相如列傳

君位繼承

乾隆四年校刊　史記卷三十四　燕召公世家　十五

十城十年燕君爲王（索隱）燕君噲易王也言君者以十年即稱王也上言易王者易謚也後追書謚耳蘇秦與燕文公夫人私通懼誅乃說王使齊爲反間欲以亂齊（集解）駰案孫子兵法曰反間者因敵間而用之者也凡軍之所欲擊城之所欲攻人之所欲殺必先知其守將左右謁者門者舍人之姓名令吾間必索敵間之來間我者因而利導舍之故反間可得而用也（正義）使音所吏反間音古莧反易王立十二年卒子燕噲立燕噲既立齊人殺蘇秦蘇秦之在燕與其相子之爲婚而蘇代與子之交及蘇秦死而齊宣王復用蘇代燕噲三年與楚三晉攻秦不勝而還子之相燕貴重主斷蘇代爲齊使於燕（索隱）按戰國策曰子之使蘇代侍質子於齊齊使代報燕是也燕王問曰齊王奚如對曰必不霸燕王曰何也對曰不信其臣蘇代欲以激燕王以尊子之也於是燕王大信子之子之因遺蘇代百金（正義）瓚云秦以一鎰爲一金孟康云二十四兩曰鎰而聽其所使鹿毛壽（集解）徐廣曰一作厝毛又曰甘陵縣本名厝（索隱）春秋後語亦作厝毛壽又韓子作潘壽謂燕王不如以國讓相子之人之謂堯賢者以其讓天下於許由許由不受有讓天下之名而實不失天下今王以國讓於子之子之必不敢受是王與堯同行也燕王因屬國於子之子之大重（索隱）大重謂尊貴也或曰禹薦益已（索隱）以已配益則益已是伯益之名經傳無其文不知所由或曰已語終辭而以啟人爲吏（索隱）人猶臣也謂以啟臣爲益吏也及老而以啟爲不足任乎天下傳之於益已而啟與交黨攻益奪之天下謂禹名傳天下於益已而實令啟自取之今王言屬國於子之而吏無非太子人者（索隱）亦謂臣也是名屬子之而實太子用事也王因收印自三百石吏已上而效之子之（索隱）鄒誕云效呈也以印呈與子之也子之南面行王事而噲老不聽政顧爲臣（索隱）顧猶反也言噲反爲子之臣也有本作願者非國事皆決於子之三年國大亂百姓恫恐（索隱）恫猶痛也民皆恐懼也將軍市被（正義）人姓名與太子平謀將攻子之諸將謂齊湣王

德承

○衛世子蒯聵出奔宋注書者子雖見逐無去父之義。○蒯聵苦怪反下五怪反

出宗乎

疏注書至之義。○解云父子天倫無相去之義子若大為惡逆人倫之所不容乃可竄之深宮閽人固守若小小無道當安處之隨宜歸諫令其克改寧有逐之佗國為宗廟羞且子之事父雖其見逐止可起敬起孝號泣而諫之諫若不入悅則復諫自不避殺如舜與宜咎之徒寧有去父之義乎今大子以小小無道衛侯惡而逐之父無殺已之意大子懟而去之論其二三上下俱失衛侯逐子非為父之道大子去父失為子之義今注讀此經者一則譏衛侯之無恩一則甚大子之不孝故曰子雖見逐無去父之義若其父大為無道如獻公幽王之類若不迴避必當殺己如此之時寧得陷父於惡是以申生不去失至孝之名宜咎奔申無刺譏之典但衛侯爾時無殺子之意是以蒯聵出奔書氏

譏之耳

子如惡不可逐　父之殺子可逃　居不可　子雖見

逐無去父義

父有子子不得有父

蒯聵犯父命惡明矣　曼姑得拒之｜齊南之為伯

討　雖得正非高義

不以父命辭王父命｜　以王父命｜辭父命｜

家事辭王事　[illegible]王事辭　家事

四月丙子，衛侯元卒。○滕子來朝。○晉趙鞅帥師納衛世子蒯聵于戚。戚者何？衛之邑也。曷爲不言入于衛？據弗克納未入國文言納于邾婁納者入辭故傳言曷爲不言入于衛

疏 戚者何。○解云欲言其國經與未有欲言其邑文無所繫故執不知問。○注據弗至于衛。○解云公羊之意以爲戚與帝丘道塗非遠但大同小異而已今言于戚者實是大于衛者是以傳云曷爲不言入于衛矣言據弗克納未入國文言納于邾婁納者入辭者即文十四年秋晉人納接菑于邾婁弗克納當爾之時接菑實不入國故曰不克納未入國之辭故曰未入國文言納于邾婁與納頓子於頓文同是其已入國之辭故曰納于邾婁納者入辭也今此上言納衛世子蒯聵下無不克納之文則是入國之辭矣而言于戚不言于衛是以據而難之故注者疊之曰或傳言曷爲不言入于衛

父有子，子不得有父也。明父得有子而廢之子不得有父之所有故奪其國文正其義不明蒯聵者下曼姑圍戚無惡文嫌曼姑可爲輒誅其父故明不得也不去國見挈者不言入于衛不可醇無國文出[illegible]書者不責拒父也主書者與頓子同。[illegible]予偽反去起呂反見挈賢遍反下去結反

疏 注不貶至子同。○解云正以犯父之命理宜貶之不謂更有經文可挾也然則文十四年郤缺納不正貶之稱人今趙鞅亦是納不當得位之人而不貶者正以納父罪不至貶也彼傳云此晉郤缺也其稱人何貶曷爲貶不與大夫專廢置君也是其義矣云故明不得也者正蒯聵無惡文則知曼姑不得誅之明矣云不去國見挈者云云正以文十四年晉人納接菑注云接菑不繫邾婁者見挈于郤缺也今此不見挈者不可醇無國文故也云輒出奔不書云云知輒出奔者正以蒯聵之入故也諸侯之禮禮當死位若其出奔者皆書而責之今不書者正欲不責輒之拒父故也云主書者與頓子同者即僖二十五年秋楚人圍陳納頓子于頓彼注云納頓子書者前出奔當絕還入爲盜國當誅書楚納之與之同罪也主書者從楚納之然則定十四年夏蒯聵出奔宋之時子無去父之義已當合絕今還入爲盜國復當合誅晉納之與同罪主書者從晉納故曰與頓子同義然則蒯聵犯父之命其惡明矣但晉爲霸主法度所在而納逆命之子奪已立之侯故去主書者從晉納矣

○秋八月甲戌，晉趙鞅帥師及鄭軒達帥師

三年春，齊國夏、衛石曼姑帥師圍戚。齊國夏曷爲與衛石曼姑帥師圍戚？據晉趙鞅以地正國加叛文今此無加文故問之

疏 齊國至圍戚。○解云公羊之義輒已出奔曼姑稟華之命而得圍戚者下傳云曼姑受命乎先君而立輒蒯聵奪輒是以春秋與得圍之矣。○注據晉至問之。○解云定十三年秋晉趙鞅入于晉陽以叛冬晉趙鞅歸于晉傳云此叛也其言歸何以地正國也其以地正國奈何晉趙鞅取晉陽之甲以逐荀寅與士吉射荀寅與士吉射者曷爲者也君側之惡人也此逐君側之惡人曷爲以叛言之無君命也彼注云無君命者操兵鄉國故初謂之叛後知其意欲

公哀元二

公哀三

逐君側之惡人故録其釋兵書歸而赦之是也然則趙鞅操兵鄉國加叛文曼姑亦操兵鄉國而使國夏首兵不加叛文是以弟子據而問之云齊國夏曷爲與曼姑首兵而圍戚乎伯討也方伯所當討故使國夏首兵此其爲伯討奈何曼姑受命乎靈公而立輒靈公者蒯聵之父以曼姑之義爲固可以距之也曼姑無惡文者起曼姑得拒之曼姑臣也拒之者上爲靈公命下爲輒故義不可以子誅父故但得拒之而已傳所以曼姑解伯討者推曼姑得拒之則國夏得討之明矣不言圍衛者順上文辟圍輒○上爲于僞反下爲輒爲衛不爲同疏注曼姑也○解云

十三經注疏　公羊二十七　哀公元年至三年　十二

注言臣也者欲道曼姑者乃是靈公之臣也受命于靈公當立輒寧得違之乎故得拒蒯聵矣似若僖十年傳云君嘗訊臣矣臣對曰使死者反生生者不愧乎其言則可謂信矣彼注云上問下曰訊言臣者明君臣相與言不可負是○注不言至圍戚○解云蒯聵去年入衛今而圍者止應圍衛而言圍戚者順上經文且輒上出奔不見于經若言圍衛則恐去年蒯聵入于戚今年圍衛者是圍輒矣故言圍戚以辟之靈公逐蒯聵在定十四年立輒蓋在十二年將薨之時也輒者曷爲者也蒯聵之子也然則曷爲不立蒯聵而立輒據春秋有父死子繼蒯聵爲無道行不中善道○中丁仲反靈公逐蒯聵而立輒然則輒之義可以立乎輒之義不可以拒父故但問可立與不曰可其可奈何不以父命辭王父命不以蒯聵命辭靈公命以王父命辭父命辭猶不從是父之行乎子也是靈公命行乎蒯聵重本尊統之義疏注是靈至之義○解云即莊元年注云念母則忘父背本之道也故絶文姜不爲不孝拒蒯聵不爲不順脅靈社不爲不敬蓋重本尊統使尊行於卑上行於下是也不以家事辭王事以父見廢故辭讓不立是家私事以王事辭家事聽靈公命立者是王事公法也是上之行乎下也是王法行於諸侯雖得正非義之高者也子貢曰諾吾將問之入曰伯夷叔齊何人也曰古之賢人也曰怨乎求仁而得仁又何怨出曰夫子不爲也主書者善伯討疏注是王法行於諸侯雖得正非義之高者也○解云正以上傳云不以父命辭王父命以王父命辭父命是父之命行乎子也彼注云是靈公命行乎蒯聵重本尊統之義也傳又云不以家事辭王事以王事辭家事是上之行乎下也故知宜是王法行於諸侯矣唯受靈公之命而拒蒯聵而引王法行于諸侯者正以靈公於蒯聵若似天子於諸侯故取以況之○注故冉有曰至伯討○解云此論語文也冉有所以疑之者正以輒之立也雖得公義失於父子之恩矣云入曰伯夷叔齊何人也者正以輒之拒父非義之高不敢正言故問古賢以測之云子曰古之賢人也者言古之賢士且有仁行若作仁字如此解之若作人字不勞解也云曰怨乎者謂諫而不用死于首陽然則怨周王乎云求仁而得仁又何怨者言其兄弟相讓而求正以求爲仁道卒得成讓仁道遂成不欲汲汲乎求仁有何孜孜而怨周王乎云出曰夫子不爲也者正以伯夷叔齊兄弟讓國夫子以爲賢而知輒與蒯聵父子爭國者夫子不助明矣云主書者善伯討者一則見輒之得正二則見曼姑可拒但主書者善其伯討故曰主書者善伯討○夏四月甲午地震此象季氏專政蒯聵犯父命是後蔡大夫專相放盜

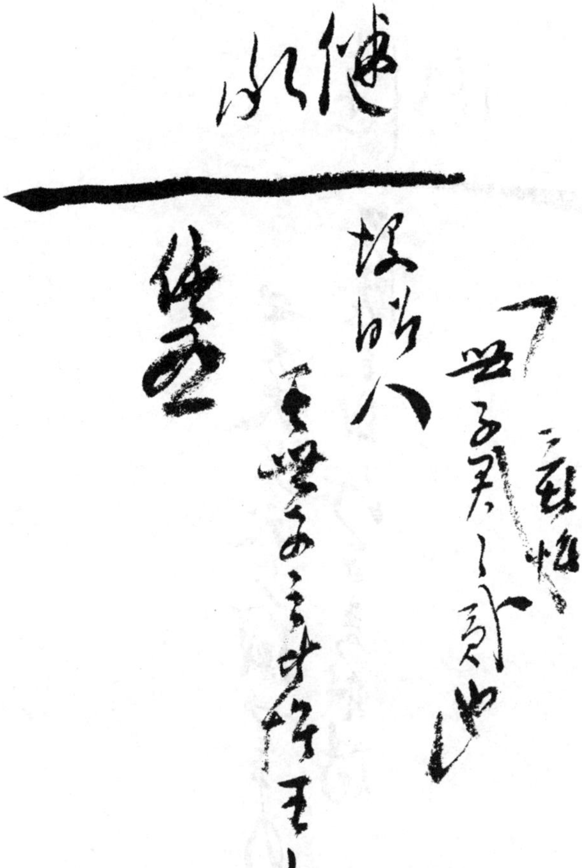

傳卿

世大笑死生識年之命

又陵之致何子來和詩

晉趙鞅謂邯鄲午曰歸我衛貢五百家吾舍諸晉陽午許諾十年趙鞅圍衛衛人懼貢五百家鞅置之邯鄲今欲徙著晉陽晉陽趙鞅邑○著丁略反歸告其父兄父兄皆曰不可衛是以爲邯鄲言衛以五百家在邯鄲常爲是故與邯鄲親○爲于僞反注同一音如字而寘諸晉陽絕衛之道也不如侵齊而謀之侵齊則齊當來報欲因懼齊而徙則衛與邯鄲好不絕○寘之豉反好呼報反乃如之而歸之于晉陽欲如是謀而後歸衛貢趙孟怒召午而囚諸晉陽趙鞅不察其謀謂午不用命故囚之使其從者說劒而入涉賓不可涉賓午家臣不肯說劒入欲謀叛○從才用反說他活反注同乃使告邯鄲人曰吾私有討於午也二三子唯所欲立午趙鞅同族別封邯鄲故使邯鄲人更立午宗親

疏注午趙至宗親○正義曰世族譜趙衰趙夙之弟也衰生盾盾生朔朔生武武生成成生鞅其家爲趙氏夙係穿穿生旃旃生勝勝生午其家爲耿氏計衰至鞅夙至午皆六代今俗所謂五從兄弟是同族也別封邯鄲世不絕祀故使邯鄲人更立午之宗親遂殺午趙稷涉賓以邯鄲叛稷趙午子

定十三

曰。克有罪。

○孟子謂樂正子曰。子之從於子敖來。徒餔啜也。我不

意子學古之道。而以餔啜也。餔博孤反 啜昌悅反

○孟子曰。不孝有三。無後爲大。

舜不告而娶。爲無後也。君子以爲猶告也。爲無之爲去聲

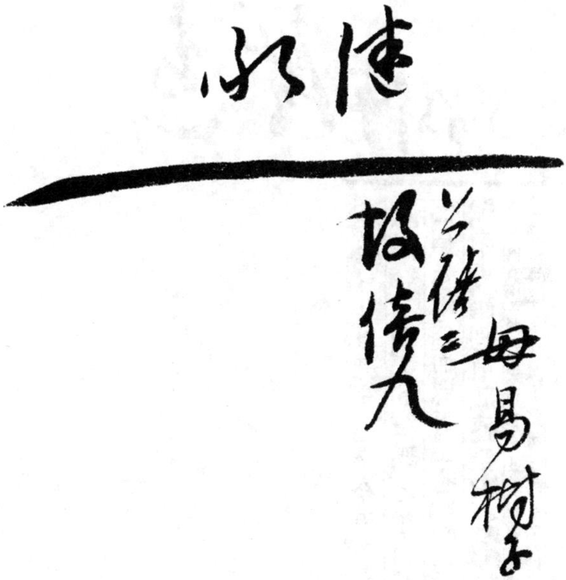

作汝塞素代反○九月楚平王卒令尹子常欲立子西子西平王之長庶長丁丈反下文同○曰大子壬弱其母非適也壬昭王也○適丁歷反下文同王子建實聘之子西長而好善立長則順建善則治王順國治可不務乎子西怒曰是亂國而惡君王也言王子建聘之是章君王之惡○好呼報反治直吏反下同國有外援不可瀆也外援秦也瀆僈也○僈武諫反王有適嗣不可亂也敗親速讎不立王秦將來討是速讎也亂嗣不祥我受其名受惡名賂吾以天下吾滋不從也滋益也○賂音路【疏】賂吾至從也○正義曰賂吾以天下使吾爲天子吾益不從也楚國何爲必殺令尹令尹懼乃立昭王

昭廿

○衛襄公夫人姜氏無子姜氏宣姜嬖人婤姶生孟縶孔成子夢康叔謂巳立元成子衛卿孔達之孫烝鉏也元孟縶弟夢時元未生○婤音周又直周反姶烏荅反縶張立反烝之承反疏注夢時元未生○正義曰知者傳曰婤姶生孟縶卽云成子夢若巳生訖當云婤姶生孟縶及元然云孔成子夢且說夢巳下乃云晉韓宣子聘歲生元明未生也余使羈之孫圉與史苟相之羈烝鉏子苟史朝子○羈居宜反相息亮反下同朝如字史朝亦夢康叔謂巳余將命而子苟與孔烝鉏之曾孫圉相元史朝見成子告之夢夢協協合也晉韓宣子爲政聘于諸侯之歲在二年婤姶生子名之曰元孟縶之足不良能行跛也○跛波我反疏之足不良○正義曰當斷不良爲句能行向下讀之知者案二十年杜注云縶足不良故以官邑還豹是也孔成子以周易筮之曰元尚享衛國主其社稷令蓍辭遇屯䷂震下坎上屯○屯張倫反又曰余尚立縶尚克嘉之嘉善也遇屯䷂之比䷇坤下坎上比屯初九爻變○比毗志反注同疏之比○正義曰所以上屯無變者皆遇少爻故也以示史朝史朝曰元亨又何疑焉周易曰屯元亨○亨許庚反注元亨皆同成子曰非長之謂乎言屯之元亨謂年長非謂名元○長丁丈反注同對曰康叔名之可謂長矣善之長也○名如字徐武政反孟非人也將不列於宗不可謂長足跛非全人不可列爲宗主且其繇曰利建侯繇卦辭○繇直又反嗣吉何建建非嗣也嗣子有常位故無所卜又無所建今以位不定卜嗣得吉則當從吉而建之也○言何建本或作可建二卦皆云謂再得屯卦皆有建侯之文疏二卦皆云○正義曰謂前卜元之二卦非謂後卜縶之卦也子其建之康叔命之二卦告之筮襲於夢武王所用也弗從何爲外傳云大誓曰朕夢協朕卜襲於休祥戎商必克此武王辭疏注外傳云○正義曰外傳云者國語引大誓也古文尚書大誓具有此文此傳之意取大誓也杜不見古文故引外傳解之弱足者居跛則偏弱居其家不能行侯主社稷臨祭祀奉民人事鬼神從會朝又焉得居各以所利不亦可乎孟跛利居元吉利建○焉於虔反故孔成子立靈公十二月癸亥葬衛襄公靈公元也

法服

君天疾者不入宗廟

○秋盜殺衛侯之兄輒盜賤也

其曰兄母兄也目衛侯衛侯累也覬曰諸侯之尊弟兄不得以屬通經不書衛公子而以言衛侯之兄者惡其不能保護其兄乃為盜所殺故稱至賤殺至貴○惡其烏路反疏盜賤也○釋曰復發傳何解殺大夫稱人者謂誅有罪故盜殺三卿云不以上下道明大夫之例母兄之殺宜繫於君自殺也不能保存母兄令為盜所殺故書兩下之文以至賤而殺至貴故不得言上下道稱盜雖同本事例異故發傳也

然則何為不為君也嫡兄宜為君○嫡丁歷反曰有天疾者不得入乎宗廟輒者何也曰兩足不能相過

齊謂之綦楚謂之踂衛謂之輒○綦音其又其冀反劉兆云綦連併也踂女輒反劉兆云聚合不解也輒本亦作縶劉兆云如見絆縶也

穀昭廿

有惡疾不立

○秋盜殺衛侯之兄輒母兄稱兄兄何以不立据立嫡以長○輒左氏作縶嫡丁歷反長丁丈反【疏】注据立嫡以長○解云即隱元年傳曰隱長又賢何以不宜立立嫡以長不以賢立子以貴不以長之文是也有疾也何疾爾惡疾也惡疾謂瘖聾盲癘禿跛傴不逮人倫之屬也書者惡衛侯兄有疾不憐傷厚遇營衛不固至令見殺失親親也公子不言之兄弟言之者敵體辭嫌於尊卑不明故加之以絶之所以正名也○瘖於今反聾路工反癘力世反又力大反禿吐木反跛布可反傴於矩反惡烏路反令力呈反【疏】注失親親也○解云失親親之道也○冬十月宋華亥向甯華定出

韓學子　王學子　吾生陳後流

太子。

太子視君膳 君行則守有守則從 從曰撫軍

守曰監國

閔二

里克諫曰大子奉冢祀社稷之粢盛（里克晉大夫冢大也。粢盛上音咨下音成）以朝夕視君膳者也（膳廚膳。朝如字又張遙反膳市戰反）**疏**注膳廚膳。正義曰鄭玄膳夫注云膳之言善也今時美物曰珍膳是膳者美食之名廚者造食之處故云膳廚膳也禮記云文王之爲世子食上必在視寒煖之節食下問所膳命膳宰然後退是太子朝夕視君膳者也 故曰冢子君行則守有守則從從曰撫軍守曰監國古之制也夫帥師專行謀（帥師者必專謀軍事。則守手又反下同從才用反下同監古銜反）誓軍旅（宣號令也）君與國政之所圖也非大子之事也（國政正卿）師在制命而已（命將軍所制）稟命則不威專命則不孝故君之嗣適不可以帥師君失其官帥師不威將焉用之（大子統師是失其官也專命則不孝是爲帥必不威也。適丁歷反本又作嫡下配適同焉於虔反）且臣聞皐落氏將戰君其舍

以傳

二子母子自傳敘

共多年附接前手冊

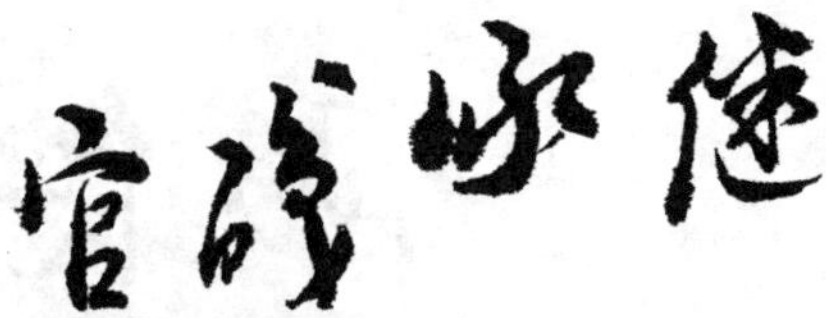

傳二年春伐邾將伐絞絞邾邑。絞古卯反邾人愛其土故賂以漷沂之田而受盟○初衛侯遊于郊子南僕子南靈公子郢也僕御也○郢以井反公曰余無子將立女蒯聵奔無大子○女音汝不對他日又謂之對曰郢不足以辱社稷君其改圖君夫人在堂三揖在下三揖卿大夫士○揖一入反【疏】注三揖卿大夫士。正義曰周禮司士云孤卿特揖大夫以其等旅揖士旁三揖鄭玄云特揖一一揖之旅衆也大夫爵同者衆揖之三揖者士有上中下鄭衆云卿大夫士皆君之所揖禮春秋傳所謂三揖在下服虔云三揖卿大夫士士揖庶姓時揖異姓天揖同姓君命祇辱言立適當以禮與內外同之今君私命事必不從適為辱。祇音支適丁歷反下適孫同夏衛靈公卒夫人曰命公子郢為大子君命也對曰郢異於他子言用意不同且君沒於吾手若有之郢必聞之言當以臨沒為正且亡人之子輒在輒蒯聵之子出公也靈公適孫乃立輒

哀二

初共王無冢適 冢大也。冢於甃反共音恭適丁歷反下無適音同 有寵子五人無適立焉乃大有事于羣望 羣望星辰山川 疏 注羣望星辰山川。正義曰楚語云天子徧祀羣神諸侯祀天地三辰及其土之山川孔晁云三辰日月星也祀天地謂二王後也非二王後祭分野山川而已又元年傳云辰爲商星參爲晉星是諸侯得祭分野之星知此羣望是星辰山川也於十二次鶉尾爲楚當祀翼軫之星及其國內山川哀六年傳曰江漢睢漳楚之望也其山蓋荆山衡山之類 而祈曰請神擇於五人者使主社稷乃徧以璧見於羣望曰當璧而拜者神所立也誰敢違之既乃與巴姬密埋璧於大室之庭 巴姬共王妾大室祖廟。徧音遍見賢遍反下注徵見同巴必加反埋亡皆反大室音泰 疏 徧以璧。正義曰謂以一璧徧見諸神若神各一璧乃多明無不當其上。注巴姬共王妾。正義曰知者襄十二年傳云楚司馬子庚聘于秦爲夫人寧禮也彼秦女是夫人明巴姬是妾 使五人齊而長入拜 從長幼以次拜。齊側皆反本又作齋長丁丈反注及下同 康王跨之 過其上也。跨苦化反 靈王肘加焉子干子皙皆遠之平王弱抱而入再拜皆厭紐 徵見璧紐以爲審識。肘中九反遠于萬反厭於甲反徐又於輒反紐女九反識申志反又如字 鬭韋龜屬成然焉 如其將立故託其子。屬音燭 且曰弃禮違命楚其危哉 弃立長之禮違當璧之命終致靈王之亂 子干歸韓宣子問於叔向曰子干其濟乎對曰難宣子曰同惡相求如市賈焉何難 宣子謂弃疾親恃子干共同好惡故言如市賈同利以相求。賈音古好惡並如字又上呼報反下烏路反下皆倣此 對曰無與同好誰與同惡 言弃疾本不與子干同好則亦不得同惡 取國有五難有寵而無人一也 寵須賢人而固 有人而無主二也 雖有賢人當須內主爲應。應應對之應 有主而無謀三也 謀策謀也 有謀而無民四也 民衆 有民而無德五也 四者既備當以德成 子干在晉十三年矣晉楚之從不聞達者可謂無人 晉楚之士從子干游皆非達人 族盡親叛可謂無主 無親族在楚 無釁而動可謂無謀 召子干時楚未有大釁。釁許靳反 爲羈終世可謂無民 終身羈客在晉是無民 亡無愛徵可謂無德 楚人無愛念之者 疏 亡無愛徵。正義曰子干之亡楚人無愛念之徵驗也 王虐而不忌 靈王暴虐無所畏忌將自亡 楚君子干涉五難以弒舊君誰能濟之 言楚借君子干以弒靈王終無能成 有楚國者其弃疾乎君陳蔡城外屬焉 城方城也時穿封戌既死弃疾并領陳事 苛慝不作盜賊伏隱私欲不違 不以私欲違民事。苛音何本

昭十三

或作苛音同下同慝他得反民無怨心先神命之先神謂羣望疏先神命之。正義曰楚國既封即有三望三望起於先代故曰先神國民信之芈姓有亂

必季實立楚之常也獲神一也當璧拜。芈彌爾反有民二也民信之令德三也無苛慝寵貴四也貴妃子居

常五也弃疾季有五利以去五難誰能害之子干之官則右尹也數其貴寵則庶子也以神所

命則又遠之其貴亡矣位不尊。去起呂反數所主反亡矣音無又如字其寵弃矣父既沒故疏其貴至棄矣。正義曰亡無也其貴位則無矣其寵愛之者又

棄矣然則父死棄疾寵亦棄獨言子干者以子干母賤唯特父寵寵又棄矣則無恃託故專屬子干。民無懷焉非令德國無與焉無內主將何以立宣子曰齊

桓晉文不亦是乎皆庶賤對曰齊桓衛姬之子也有寵於僖衛姬齊僖公妾有鮑叔牙賓須無隰朋以

爲輔佐有莒衛以爲外主齊桓出奔莒衛有舅氏之助有國高以爲內主國氏高氏齊上卿疏注國氏高氏。正義曰僖十二年傳管仲云有天子

之二守國高在是也從善如流言其疾也下善齊肅齊嚴也肅敬也。下遐嫁反齊側皆反注同不藏賄清也。賄呼罪反不從欲儉也。從子用反施舍

不倦施舍猶言布恩德求善不厭是以有國不亦宜乎我先君文公狐季姬之子也有寵於獻好學

而不貳言篤志。厭於豔反好呼報反生十七年有士五人狐偃趙衰顛頡魏武子司空季子五士從出。衰初危反頡戶結反從才用反有先大夫子餘子犯

以爲腹心子餘趙衰子犯狐偃有魏犨賈佗以爲股肱魏犨魏武子也稱五人而說四士賈佗又不在本數蓋叔向所賢。佗徒何反疏注魏犨至所賢。正義曰上言五人

直舉其數下說四士獨據有賢也五人內不數賈佗者佗以公族從文公不在五人之數也蓋叔向言之意所將爲賢即言之有齊宋秦楚以爲外主齊妻以女宋贈以馬楚王享之秦伯納之。妻

七計反有欒郤狐先以爲內主謂欒枝郤穀狐突先軫也。欒魯官反郤夫逆反穀戶木反亡十九年守志彌篤惠懷弃民惠公懷公

不恤民也民從而與之獻無異親民無異望獻公之子九人唯文公在天方相晉將何以代文此二君者異於

子干。共有寵子國有奧主謂弃疾也。相息亮反下同共音恭奧烏報反疏國有奧主。正義曰室內西南隅謂之奧奧是內之義奧主國內之主故謂弃疾也無施於民

無援於外去晉而不送歸楚而不逆何以冀國傳言子干所以蒙弒君之名弃疾所以得國。施式豉反

天位傳承 2926·

楚國立嗣恆在少者

田故公孫敖會之。晉取衞田正其疆界○疆居良反注同○初楚子將以商臣爲大子訪諸令尹子上子上曰君之齒未也齒年也言尚少。○少詩照反下文同而又多愛黜乃亂也楚國之舉恒在少者舉立也且是人也蠭目而豺聲忍人也能忍行不義。○蠭本又作蜂芳逢反豺仕皆反不可立也弗聽既又欲立王子職而黜大子商臣職商臣庶弟也。商臣聞之而未察告其師潘崇曰若之何而察之潘崇曰享江芊而勿敬也江芊成王妹嫁於江。○芊亡氏反史記以爲成王妾從之江芊怒曰呼役夫呼發聲也役夫賤者稱。○呼報賀反注同役夫如字稱尺證反宜君王之欲殺女而立職也告潘崇曰信矣潘崇曰能事諸乎問能事職不。○女音汝曰不能能行乎曰不能能行大事乎曰能大事謂弑君。○弑申志反一本無此注冬十月以宮甲圍成王大子宮甲僖二十八年王以東宮卒從子玉蓋取此宮甲。○卒子忽反從如字又才用反王請食熊蹯而死熊掌難熟冀久將有外救。○蹯音煩弗

十三經注疏　春秋左傳十八　文公元年　十五

聽丁未王縊謚之曰靈不瞑曰成乃瞑言其忍甚未斂而加惡謚。○瞑亡丁反又亡千反斂力驗反疏注言甚至惡謚。○正義曰既見其不瞑目則是未斂於棺故知未斂也禮葬乃加謚未斂而加惡謚言其忍之甚也冤枉之人衆矣未有能見其靈此事特爲商臣忍甚耳桓譚以爲自縊而死其目未合尸冷乃瞑非由謚之善惡也亂而不損曰靈安民立政曰成穆王立以其爲大子之室與潘崇疏爲大子之室。○正義曰商臣今既爲王以其爲大子之時所居室內財物僕妾盡以與潘崇非與其所居之宮室也使爲大師且掌環列之尹環列之尹宮衞之官列兵而環王宮。○大音泰環如字又音患

文元　文元

春秋史事
吳信注疏

郤芮使夷吾重賂秦以求入郤芮郤克祖父從夷吾者。從才用反曰人實有國我何愛焉言國非己之有何愛而不以賂秦入而能
民土於何有從之能得民不患無土齊隰朋帥師會秦師納晉惠公隰朋齊大夫惠公夷吾。隰音習秦伯謂郤芮曰
公子誰恃對曰臣聞亡人無黨有黨必有讎言夷吾無黨無黨則無讎易出易入以微勸秦。易並以豉反疏注言夷至勸秦。正義曰秦伯問公子誰恃問
公子於晉國之臣倚恃誰爲內主也對言夷吾無黨無讎者由無黨故往前易出無讎故此時易入言易出易入以微勸秦使納之夷吾弱不好弄弄戲也。好呼報反能鬭不過有節制
長亦不改不識其他公謂公孫枝曰夷吾其定乎公孫枝秦大夫子桑也。長丁丈反對曰臣聞之唯則定國
詩曰不識不知順帝之則文王之謂也詩大雅帝天也則法也言文王闇行自然合天之法又曰不僭不賊鮮不爲則僭過差也
賊傷害也皆忌克也能不然則可爲人法則。僭子念反下注同鮮息淺反無好無惡不忌不克之謂也今其言多忌克既僭而賊。好呼報反又如字惡烏路反
難哉言能自定難公曰忌則多怨又焉能克是吾利也其言雖多忌適足以自害不能勝人也秦伯慮其還害己故曰是吾利疏唯則至利也。正義
曰唯身有則者乃能定國也詩美文王之德不記識古事不學知今事常順天之法則而行之爲此行者文王之謂也又
曰人行不僭差不賊害能如此者少不爲人所法則言必爲人所法則也此二詩所云者無所偏好無所私惡不爲忌差
不好勝人之謂也今其此夷吾之言多有所忌多欲陵人以此而求安定難哉今其言多忌克覆上不忌不克上既有無
好無惡不覆之者以身行忌克則有私好私惡之心舉忌克足以包好惡也公曰多忌於人則多爲人怨又焉能勝人此

乃是吾之利也無好無惡言文王之行也不忌不克述抑篇之義也引二詩於前以此言結之。注詩大至之法。正義
曰詩大雅皇矣之篇也則法釋詁文彼鄭箋云其爲人不識古不知今順天之法而行之是言闇行自然合天地之法也
禮記稱天無私覆地無私載合天地法者即無偏好無私惡之謂也。注僭過至法則。正義曰詩大雅抑之篇也彼毛
傳云僭差也鄭玄云不殘賊是賊爲害也心有所忌則多過差志在陵人必多爲賊害下云不忌不克覆述此文故言僭
賊者皆忌克也。注其言至吾利。正義曰心忌前人則人亦忌己志在陵人則人亦陵己若使人皆忌
之人皆陵之是適足以自害不能勝人也秦伯聞其忌克慮其還來害己故以不能勝人爲是吾利也

○晉
僖九

亡人無黨有黨必有讎——然秦可見時分黨帝國組
是吾利也——知其可見駒子無好惡意

小傳

蓋云求而得之邪
者邪未定之辭
子曰父在觀其志父沒觀其行
孔曰父在子不得自專故觀
其志而已父沒乃觀其行
三年無改於父之道可
謂孝矣
孔曰孝子在喪哀慕猶若
父存無所改於父之道
疏
子曰至孝矣○正義曰此章論孝子之行父在觀其志者在心爲志父在子不
得自專故觀其志而已父沒觀其行者父沒可以自專乃觀其行也三年無改
於父之道可謂孝矣者言孝子在喪三年哀
慕猶若父存無所改於父之道可謂爲孝也

篇

孝德

喪乎。正義曰此章論人致誠之事也諸之也曾子言我聞之夫子言人雖未能自致盡其誠於他事至於親喪必自致盡也曾子曰吾聞諸夫子孟莊子之孝也其他可能也其不改父之臣與父之政是難能也馬曰孟莊子魯大夫仲孫速也謂在諒陰之中父臣及父政雖有不善者不忍改也疏曾子曰吾聞諸夫子孟莊子之孝也其他可能也其不改父之臣與父之政是難能也。正義曰此章論魯大夫仲孫速之孝行也言其他哭泣之哀斬之情饘粥之食他人可能及之也其在諒陰之中父臣及父政雖有不善者不忍改之也是他人難

子張

升自客階受弔于賓位

子云升自客階受弔於賓位教民追孝也 謂反哭時也既葬矣猶不由阼階不忍即父位也 未沒喪不稱君示民不爭也故魯春秋記晉喪曰殺其君之子奚齊及其君卓 沒終也春秋傳曰諸侯於其封內三年稱子至其臣子踰年則謂之君矣奚齊與卓子皆獻公之子也獻公卒其年奚齊殺明年而卓子殺矣○爭爭鬬之爭下民爭同殺音試注及下同一音如字卓勑角反注同 以此坊民子猶有弒其父者 弒父不子之甚 疏 子云至父者○正義曰此節明民追孝於親諸侯未終喪之前不得稱君示民不爭之事也○升自客階受弔於賓位者謂既葬反哭之時孝子升自客階受弔於堂上西方賓位之處不敢在東方以即父位示民追孝之心也○未沒喪不稱君者沒終也謂未終三年之喪嗣子不合稱君所以然者示民不令父子相爭也○殺其君之子奚齊及其君卓者案僖九年秋九月晉侯詭諸卒冬晉里克殺其君之子奚齊十年里克弒其君卓子公羊云其年奚齊殺明年卓子弒是踰年稱君○注云謂反哭時也○正義曰知反哭時者以承上文葬於墓又云葬而不葬者即云升自客階承葬文之下故知反哭時又既夕禮云乃反哭入主人升自西階是也○注春秋至君矣○正義曰諸侯於其封內三年稱子者此文九年公羊傳文其臣子踰年則謂之君者此卓子踰年弒而經書弒

仕

公羊既葬稱子踰年稱公左既葬則成君

猶得書公薨故雖不以卿禮葬既許其復得從例書卒

齊公子商人弒其君舍舍未踰年而稱君者先君既葬舍已即位弒君例在宣四年

疏注舍未至四年○正義曰公羊之例既葬稱子踰年稱公左氏則不然僖九年九月晉侯詭諸卒冬晉里克殺其君之子奚齊傳曰書曰殺其君之子未葬也荀息立公子卓以葬十一月里克殺公子卓于朝經書里克弒其君卓是未葬稱子既葬稱君不待踰年始稱君也此稱弒其君舍舍已成君故云未踰年而稱君者先君既葬舍已即位也傳云五月昭公卒舍即位後七月爲商人所弒經傳無葬昭公之文又齊侯以五月而卒傳稱七月弒舍時未合葬知已葬者正以舍已稱君決知既葬春秋之世多不如禮葬之早晚時有遲速雖復違禮而葬後君葬訖即成成君非訃禮之葬日始成君也宣十年夏四月齊侯元卒六月葬齊惠公冬齊侯使國佐來聘是葬速成君之文也杜以成君在於既葬不以踰年爲限此言未踰年者意在排舊說也○

文十四

佚存

天子洪範[illegible]書傳大[illegible][illegible][illegible]

天之

下之大皆寫去

傳字

君位

君薨大子號 9·1 朔金文

○君薨大子號稱子待猶君也謂未踰年也雖稱子與諸侯朝會如君矣春秋魯僖公九年夏疏正義曰君薨謂先君薨也大子號稱子者其本大子君存稱世子今君既薨故稱子不言世子待猶君也者謂與諸侯並列其待之禮猶如正君○注謂未至侯序○正義曰知未踰年者若踰年則稱君此云稱子故知未踰年者引春秋者證未踰年稱子及待猶君之義按僖九年三月宋公禦說卒夏公會宰周公齊侯宋子以下于葵丘是宋襄公稱子序在齊侯之下與尋常宋公同是與諸侯序按公羊傳云君存稱世子君薨稱子某既葬稱子踰年稱公今宋襄公未葬君當宋子某而稱子者鄭用左氏之義未葬已前則稱子既葬已後踰年則稱公故僖九年傳云凡在喪王曰小童公侯曰子是未葬爲在喪之稱也若杜元凱之意未葬以前皆稱子若既葬雖未踰年亦稱公若未葬雖踰年猶子其義具在下曲禮疏其與諸侯序列宋襄公在喪稱子自在本班定四年陳懷公稱子進在鄭上僖二十八年陳共公稱子降在鄭下衛侯弟叔武稱子亦序在鄭下此皆春秋之時霸者所次不與此記同也

禮記上

以王年[illegible]事、[illegible]年

日[illegible]孫[illegible]曰

[illegible]而宣（[illegible]）（[illegible]）

[illegible]（[illegible]）

[illegible]（[illegible]）

[illegible]（[illegible]）

[illegible]（[illegible]）

[illegible]十年（[illegible]）

[illegible]（[illegible]）

（[illegible]）

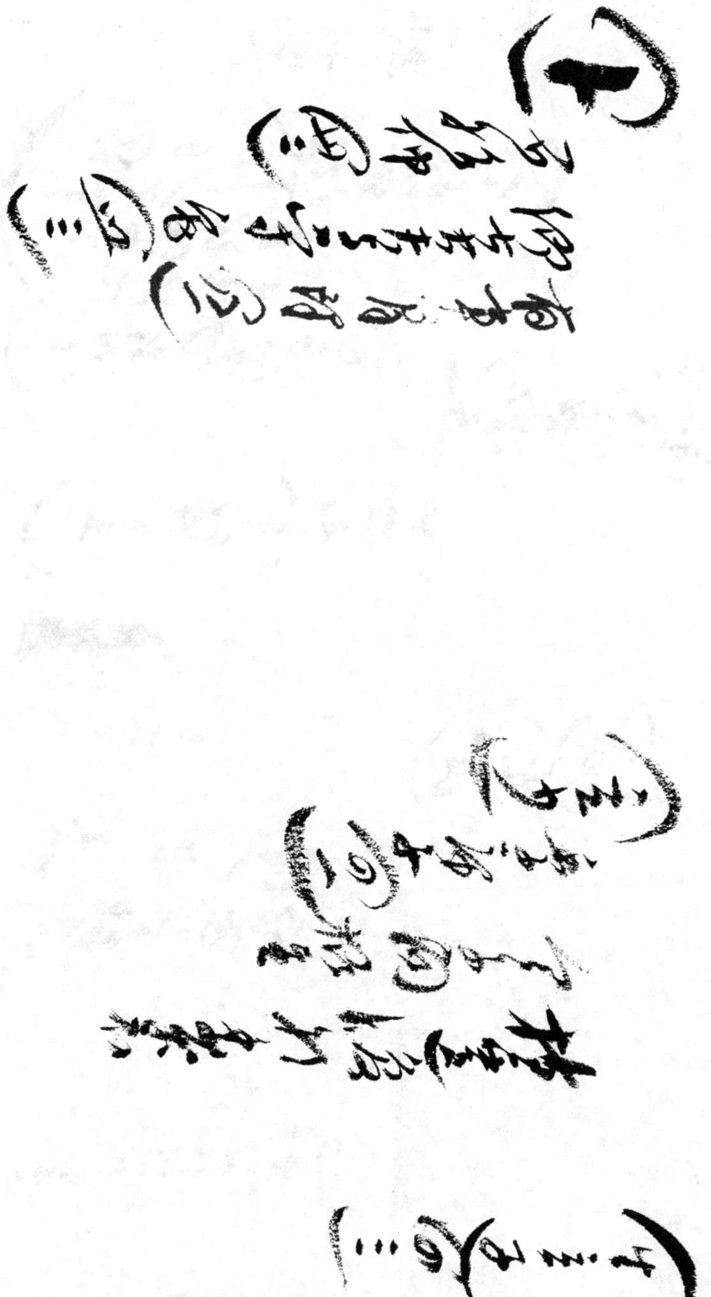

貞定王介（六八）

考王嵬（七九）
[illegible]（六〇）

安王驕立（七二）

烈王喜（七七 七六）

顯王扁（七四 七三 七二）

（子自作稱[illegible]以後以下年有稱[illegible]年長[illegible]）

（自[illegible]子）

[illegible]

宗法

庶子

古者周天子之官有庶子官庶子官職諸侯卿大夫士之庶子之卒掌其戒令與其教治別其等正其位職主也庶子猶諸子也周禮諸子之官司馬之屬也卒讀皆爲倅諸子副代父者也戒令致於大子之事教治脩德學道位朝位也○卒依注音倅七對反又蒼忽反副也治直吏反注及下同別彼列反大子音泰後大子學同朝音直遥反國有大事則率國子而致於大子唯所用之若有甲兵之事則授之以車甲合其卒伍置其有司以軍法治之司馬弗正國子諸子也軍法百人爲卒五人爲伍弗不也國子屬大子司馬雖有軍事不賦也○合如字徐音閤卒伍子忽反注同伍音五正音征凡國之政事國子存游卒使之脩德學道春合諸學秋合諸射以考其藝而進退之游卒未仕者也學大學也射射宮也燕禮有庶子官是以義載此以爲說○卒七內反注同○【疏】古者至退之○正義曰此一節明諸侯與庶子燕飲之禮從篇首至末皆明燕飲之義但燕飲之禮有庶子官故方說燕禮之初先陳庶子之事各隨文解之周天子之官有庶子官者○此明庶子之義也謂作記之人在於周末追述周初之事故云古者言周之天子其下立官有庶子之官天子謂之諸子諸侯謂之庶子其所職掌諸子庶子同也故此記雖明諸侯庶子職掌其所藏之事皆諸子職文也○庶子官職諸侯卿大夫士之庶子之卒者言此官職主諸侯及卿大夫士衆庶之子副倅於父之事所以官名庶子○掌其戒令者此等衆子須有戒法政令而庶子官掌之○與其教治者與猶及也教謂教學治謂治身言非但掌戒令而已及其教治亦皆掌之○別其等者謂分別其貴賤之等○正其位者正其朝廷所立之位也此記云諸侯卿大夫士之庶子之卒周禮諸子職則云掌國子之倅唯此爲別但諸子職摠謂之國子此云諸侯卿大夫士之庶子者是其適子也謂之庶者庶衆也以其適子衆多故摠謂之庶子非適子庶弟而稱庶子也必知適子者以其云倅是副貳於父之言故鄭注諸子職云國子者是公卿大夫士之副貳又引王制云王大子王子羣后之大子卿大夫元士之適子是也○注職主至位也○正義曰云周禮諸子之官司馬之屬也者案周禮諸子下大夫屬司馬云卒讀皆爲倅者以經云庶子之卒下文云國子存游卒以卒字非一故云卒皆爲倅若旁置人者是副倅之倅若不置人者則百人爲卒之卒故讀卒從倅也云諸子副代父者也此諸適子皆副代於父與父爲倅故稱倅也云戒令致於大子之事者則下文云國有大事則率國子而致於大子其事非一故云戒令致於大子之事云位朝位也者此等諸

子雖未爲官皆從父尊卑以爲等級故有別其等正其位也唯所用之者若國有大事之時而進致諸子於大子唯任大子隨時所用也○合其卒伍置其有司者言若國有甲兵之事則庶子之官付授以車甲合會之以卒伍置立之以有司謂立其主將使統領之用軍旅之法治理之○司馬弗正者弗不也正役也以此等諸子既統屬大子隨大子徵發王家之事司馬不得征役之也○凡國之政事國子存游卒者前經云國有大事謂祭祀或宿衞又云甲兵之事此經別云國之政事則非大事與甲兵也是國之尋常小小之政事謂力役土功胥徒之屬不與干國子唯民庶所爲國子存游卒未仕者之中不干其事也○使之脩德學道者既不與國子之尋常政事但使之脩行其德學習道藝也○春合諸學者謂仲春之時合此諸子在於大學○秋合諸射者謂仲秋之時合其諸子在於射官使之脩德學道或容習射也○以考其藝而進退之者是庶子之官考校其藝之高下而進退其能否能者進之否者退之○注游卒至爲説○正義曰游卒未仕者也案師氏職云凡國之貴游子弟學焉鄭注云貴游子弟王公之子弟游無官司者則此游卒是游逸以爲副倅故云未仕者云學大學也者以大胥云春釋菜合舞文王世子云春夏學干戈秋冬學羽籥皆於東序初教在東序至合時則在周之大學故云學大學也云射射宫也擇士習射之宫也又周禮大胥云秋頒學合聲其合聲之時則亦在大學文王世子云凡大合樂必遂養老鄭云春合舞秋合聲是養老在東序也故知大合樂在東序云燕禮有庶子官是以義載此以爲說者案燕禮云主人升自西階獻庶子于阼階上又云庶子執燭是燕禮有庶子官也以庶子於燕有事是以燕義於此說庶子職掌故云載此以爲說也

勉案：此先於此即子上言者乃據諸侯燕禮之文又云云

此即疏誤

父有廢疾不代主宗事

七十而老

宗子孤爲殤大功衰小功衰皆三月親則月算如邦人言孤有不孤者

不孤則族人不爲殤服服之也不孤謂父有廢疾若年七十而老子代主宗事者也孤爲殤長殤中殤大功衰下殤小功
衰皆如殤服而三月謂與宗子絕屬者也親謂在五屬之內等數也月數如邦人者與宗子有期之親者成人服之齊衰
期長殤大功衰九月中殤大功衰七月下殤小功衰五月有大功之親者成人服之齊衰三月卒哭受以大功衰九月其
長殤中殤大功衰五月下殤小功衰三月有小功之親者成人服之齊衰三月卒哭受以小功衰五月其殤與絕屬者同
有緦麻之親者成人及殤皆與絕屬者同

疏○注言孤至者同○釋曰宗子謂繼別爲大宗百世不遷收族者也云孤爲殤者謂無父未冠
而死者也云大功衰小功衰者以其成人齊衰故長殤中殤皆在大功衰下殤在小功衰也云
皆三月者以其衰雖降月本三月法一時不可更服故還依本三月也云親則月算如邦人者上三月者是絕屬者若在
五屬之內親者月數當依本親爲限故云如邦人也注云言孤有不孤者鄭以記文云孤明對不孤者故曲禮注云是謂
宗子不孤彼不孤對此孤也云不孤則族人不爲殤服服之也者以父在猶如周之道有適子無適孫以其父在爲適子
則不爲適孫服同於庶孫明此本無服父在亦不爲之服殤可知也云不孤謂父有廢疾者案喪服小記云適婦不爲舅
後者則姑爲之小功注云謂夫有廢疾他故若死而無子不受重者是子不孤謂父有廢疾不立其子代父主宗事云若
年七十而老子代主宗事者案曲禮云七十曰老而傳注云傳家事任子孫是謂宗子不孤是父年七十子代主宗事者
云與宗子有期之親者成人服之齊衰期者謂宗子親昆弟及伯叔昆弟之子姑姊妹在室之等皆是也自大功親以下
盡小功親以上成人月數雖依本皆服齊衰者以其絕屬者猶齊衰三月明親者無問大功小功緦麻皆齊衰者也既皆

十三經注疏　儀禮三十四　喪服　主

齊衰故三月既葬受服乃始受以大功小功齊衰也至於小功親已下殤與絕屬者同者以其成人小功泥月殤即入三
月是以與絕屬者同皆大功衰小功衰三月故與絕屬者同也云有緦麻之親者成人及殤皆與絕屬者同者以其絕屬
者爲宗子齊衰三月緦麻親亦三月
是以成人及殤死皆與絕屬者同也

宗[redacted]族

掌公族大夫 勉案：爲之師長以非公族疏所云矣

襄七

子如衞報子叔之聘且辭緩報非貳也子叔聘在元年言國家多難故不時報。○難乃旦反○冬十月晉韓獻子告老公族穆子有廢疾穆子韓厥長子成十八年爲公族大夫。○長丁丈反下師長同將立之代厥爲卿辭曰詩曰豈不夙夜謂行多露詩言雖欲早夜而行懼多露之濡己義取非禮不可妄行疏詩曰至多露。○正義曰詩國風召南行露之首章也言人行者豈不欲早夜而行乎謂早夜而行則多露濡己義取非禮不可以妄行穆子引之言非其才不可以妄居官位又曰弗躬弗親庶民弗信詩小雅言議在位者不躬親政事則庶民不奉信其命言已有疾不能躬親政事疏弗躬至弗信。○正義曰此詩小雅節南山之篇詩注云言王之政不躬而親之則恩澤不信於衆民矣無忌不才讓其可乎請立起也無忌穆子名起無忌弟宣子也與田蘇游而曰好仁田蘇晉賢人蘇言起好仁。○好呼報反注及下同詩曰靖共爾位好是正直神之聽之介爾景福靖安也介助也景大也詩小雅言君子當思不出其位求正直之人與之並立如是則神明順之致大福也。○共音恭下注同介音界下及注疏注介助也景大也。○正義曰定本介景皆爲大也恤民爲德靖共其位所以恤民疏注靖共至恤民。○正義曰天生烝民立君以牧之君不獨治爲臣以佐之君之與臣皆爲恤民而設之也能安靖共敬在其職位是其所以憂民也正直爲正正己心正曲爲直正人曲參和爲仁德正直三者備乃爲仁。○參七南反或音三如是則神聽之介福降之立之不亦可乎言起有此三德故可立疏詩曰至可乎。○正義曰詩小雅小明之篇言人能安靖共敬以居爾之職位愛好正直之人與之共處於朝則神明聽順之當助女以大福也既引詩文又遍其意能憂念下民是爲德也正直己心是爲正也能以己正正人之曲是爲直也此德也正也直也三者和備是爲仁也人能如是則神明聽順之大福降與之田蘇是知人者也田蘇言起好仁起必備有此德立之不亦可乎庚戌使宣子朝遂老韓厥致仕晉侯謂韓無忌仁使掌公族大夫爲之師長疏注爲之師長。○正義曰無忌先爲公族大夫今令使掌是與諸公族大夫爲師長也○衞孫文子來聘且拜武子之言緩報非貳之言而尋孫桓子之盟盟在成三年公登亦

公登亦

宗族

晉書刑法志言魏世改刑法，正殺繼母與親同。防繼假之隙也。
除異子之科。使父子無異財也。（四 5下）
又惠羊皇后傳：賈后既廢。孫秀議立后。后之外祖孫旂與秀合族。又
諸子自結秀。故以太安元年立為皇后。（卅一 9上）旂傳見卷六十
又石苞傳：苞曾孫樸……沒於胡。石勒以與樸同姓。俱出河北。引
樸為宗室。特加優寵。位至司徒。（卅三 10上）
又解系傳：時荀勖宗門隆盛。朝野畏憚之。勖諸子謂系等曰。系二弟結
育 我與卿為友。應向我公拜。勖又曰。我與尊先使君親厚。系曰。
不[redacted]奉先君遺教。公若與先君厚。往日哀頓。當垂書問。親厚之

舅族

子婦稱姑曰大家。通鑑注十二上

江南人士呼叔父伯父為阿父，亦為伯父、叔父者以自別也。通鑑宋文帝元嘉二十七年注

婦人謂父母家為外家。通鑑梁簡文帝大寶元年侯景纂人稱謂外為外族，注：男子謂舅家為外家，婦人謂父母之家為外家。

外族，外家之族。通鑑注

外舅亦舅也。通鑑宋武帝建元年注

謂從子為阿戎。通鑑齊明帝建武元年注：晉宋間人多謂從弟為阿戎，至唐猶然，如杜甫稱從弟杜位宅守歲詩云守歲阿戎家是也。注下

家祖父母〻〻家姑家姊〻称並不同　祖父母世父母〻〻〻長

姑〻称宜加尊字叔父以下加賢字　顔氏家訓風操篇（上注）

古人皆呼伯父叔父今世多單呼伯叔　稱兄弟之子爲姪始于

晉世　同右（注）

河北呼族人曰言從　同右（注）

後。非所敢聞。勳子大熊，當世壯之。（以上）

晉書李含傳：隴西狄道人也。僑居始平。少有才幹。兩郡并舉孝廉。安定皇甫商州里年少，少恃豪族。以含門寒微，欲與結交。含距而不納。商恨焉。遂諷州以短檄召含為門亭長。會州刺史郭奕素聞其賢。下車擢含為別駕。遂處群僚之右。尋舉秀才，薦之公府。（以上）

又張方傳……東海王越等起兵於山東。……遣方率步騎十萬往討之。……初方從山東來，甚微賤。長安富人郅輔厚相供給。及貴，以輔為帳下督，甚暱之。顒參軍畢垣，河間冠族，為方所侮，忿而説顒曰。張方久屯霸上，聞山東賊盛，盤桓不進，宜防其未萌。

甚親信郅輔。具知其謀矣。……顒因使召輔。垣迎說輔。……顒於是使輔為書於方。因令殺之。（晉六十上）

晉書應詹傳：詹幼孤。為祖母所養。年十餘歲。祖母又終。……家富於財。年又稚弱。乃請族人共居。委以資產。情若至親。世以此異焉。（晉七十上）

晉書卞壼傳附從兄敦：……父俊。清貞有檢識。以名理著稱。其鄉人郤詵。恃才陵傲。俊見薄。俊等亦以門盛輕詵。相親為讎。詵以楊駿故吏被繫。俊時為尚書郎。據其獄。詵證不免。俊平心斷決正之。詵卒以免。而猶不悛。俊由左遷。後奏陷下民。（晉七十上）

臨平人范明率宗黨五百人。合計軍凡四千人。討蘇峻將張健見

書顧眾傳（七六 8下）

晉書朱伺傳：杜曾說伺云：「馬雋等感卿恩……今以卿家內外百口付雋，雋已盡心收視，卿可來也。」（八一 6下）

晉書習鑿齒傳：宗族富盛，世為鄉豪。襄陽人（八二 1上）

又張軌傳：晉昌張越，涼州大族……圖代軌。（八六 2上）涼州右姓

賈摹，寔之妻弟也。勢傾西土。先是，謠曰：「手莫頭，圖涼州。」茂以為信，誘而殺之。於是豪右屏跡，威行涼域。（6上）

又忠義傳嵇紹：與從子含等五人共居，撫卹如所同生。（八九 5下）

又儒林傳氾毓……濟北盧人也。奕世儒素，敦睦九族，客居青州。逮毓七世，時人號其家無常父，衣無常主。（九一 3上）

晉書儒林傳范隆生而父亡。年四歲。又喪母。……單孤無緦功之親。疏族范廣愍而養之。迎歸教書。為立祠堂。隆……事廣如父。（見一卌）

又文苑傳應貞。……汝南南頓人。魏侍中璩之子也。自漢至魏。世以文章顯。軒冕相襲。為郡盛族。（見二佰）

又藝術傳黃泓……宗族隨廆（見五四）

又[redacted]沈充傳及歸詣吳興。亡失道。誤入其故將吳儒家。儒誘充內重壁中。因笑謂充曰。三千戶侯也。充曰。封侯不足貪也。爾以大義存我。我宗族必厚報汝。若必殺我。汝族滅矣。儒遂殺之。充子勁竟滅吳氏。（見八征）

晉書桓溫傳：袁真據壽陽……病死。其將朱輔立其子瑾以嗣事。

……瑾壽遂陷。生禽之，并其宗族數十人，及朱輔送於京都而

斬之。（卅八上）

又張昌傳：江夏、義陽士庶，莫不從之。惟江夏舊姓江安令王傴、秀

才呂蕤不從。昌以三公位徵之，傴、蕤密將宗室，北奔汝南，投豫

州刺史劉喬。（廿三下）

又祖約傳：……勒……謂約曰：祖侯遠來，甚相喜歡，可集子弟，一

時俱會。……遂殺之，并其親屬中外百餘人悉滅之，婦女伎妾

班賜諸胡。（廿九上）石勒載記：勒以祖約不忠於本朝，誅之，及其

諸子姪親屬百餘人。（百四上）

晉書苻登載記：初王廣之自成都也。奔其兄秦州刺史統。及長安不守。廣攻河州牧毛興於枹罕。興遣建節將軍臨清伯衛平率其宗人千七百夜襲廣軍。大敗之。（注略）枹罕諸氐以衛平年老。不可以成事業。議廢之。而憚其宗強。連日不決。有啖青者。謂諸將曰。……諸君但請諸公會集衆將。青為諸君決之。……於是大饗諸將。青抽劍而前曰。……衛公朽耄。……宜返初服。以避賢路。……乃奮劍攘袂。將斬貳己者。衆皆從之。……於是推登為帥。遂傳于王語命。（注略）

不幾廣傳廣以漢末表元譜。傍系已失。殊其子孫不能言其先祖撰族推昭穆十卷上疏進之。以為足以備糾。得用廣多聞之益（王81）

宋書

王懿傳：字仲德，太原祁人。……父苗，事苻堅。……為二千石。……苻氏之敗，仲德年十七，與兄叡同起義兵，與慕容垂戰敗。……及渡河，之滑臺，復為翟遼所留，使為將帥。積年，仲德欲南歸，乃奔太山。……晉太元末，徙居彭城。兄弟名犯晉宣、元二帝諱，並以字稱。叡字元德。北土重同姓，謂之骨肉。有遠來相投者，莫不竭力營贍；若不至者，以為不義，不為鄉里所容。仲德聞王愉在江南，是太原人，乃往依之，愉禮之甚薄，因至姑孰。

又朱齡石傳：遷武康令。素亂之際。武康人姚係祖，招聚亡命，專為劫盜。所居險阻，郡縣畏憚，不能討。齡石至縣，偽與係祖親厚，召為參軍。係祖恃其兄弟徒黨強盛，謂齡石必不敢圖己，乃出應白齡石從錯臨心。初，居杜僧經，乃要僧祖憲會。此若若彭之。車來不馳至其家。擁其不備（家），兼有從常中姓。殺（其）僧祖兄弟。

聚黨千人（中），自是一鄉（郡）所憚。（同八下）（南史十六下）

宋書劉鍾傳：彭城彭城人也。少孤。依鄉人中山太守劉固共居……

……義旗將建，高祖版鍾為（郡）主簿……將向多邑。高祖命曰：頓（同）

是彭沛鄉人赴義者，並可依劉主簿。（同九之上）

又胡藩傳：藩年十六，喪世。年十七，茂世率宗從二百餘人，攻

陷郡城，殺太守桓隆之。令諸葛和之。新蔡人鄭康直發郡

史檀和之至豫（陽）章，討平之。（同五十之上）

又褚叔度傳：景平二年，富陽縣孫氏聚合門宗，謀為逆亂。（同五二下）

南史褚裕之字叔度傳（同廿八上）

宋書劉延孫傳，大明之年……出爲……南徐州刺史。先是高祖遺詔，京口要地，去都邑密邇，自非宗室近戚，不得居之。延孫與帝室雖同是彭城人，別自爲呂縣劉。氏居彭城縣者，分爲三里，帝室居綏輿里，左將軍劉懷肅居安上里，豫州刺史劉懷武居叢亭里，（三里在彭城縣所治）及呂縣凡四劉。雖同出楚元王，由來不序昭穆。延孫於帝室本非同宗……時司空竟陵王誕爲徐州，上深相畏忌……遷之於廣陵……欲使腹心爲徐州，據京口以防誕，故以南徐授延孫，而與之合族，使諸王序親。（亦入此南史劉延孫傳）（付上格）

又周朗傳，世祖即位……普責百官讜言，朗上書曰……今士大夫以下，父母在而兄弟異計，十家而七矣，庶人父子殊產，八……

家而亡矣。凡若此。乃危亡不知。飢寒亦不卹。又族譜覆害。其間不可稽數。宜從其禁。以革其風。因並

宋書薛安都傳。河東汾陰人也。世為强族。同族有三千家。父廣為宗豪。高祖定關河。以為上黨太守。安都……索虜使助秦州刺史北賀汨擊反胡白龍子。滅之。由是為偽雍秦二州都統。州各有刺史。都統總其事。元嘉二十一年。索虜主拓跋燾擊蠕蠕。大檢。安都與宗人薛永宗起義。永宗營汾曲。安都襲得弘農。會北地人蓋吳起兵。遂連衡相應。燾自率衆擊永宗。滅其族。進擊蓋吳。安都料衆寡不敵。率壯士辛靈度等棄弘農歸國。太祖延見之。求北還。構扇河陝。招聚義衆。上許之。……後諸郡並為虜已

憚成。城不可克。蒼黃不知。乃上道上路。六八上

宋書沈文秀傳……晉安王子勛據尋陽反。叛。方歸徵兵於文秀。（加註）

文秀遣劉彌之、張靈慶、崔僧琁三軍赴朝廷。時徐州刺史薛安

都已同子勛。遣使報文秀……文秀即令彌之等同應安都。彌

之等回師。（歸）……彌之青州強姓。門族甚多。諸宗從相合率奉北

海。據城以拒文秀。六八上

（南史孝義傳作西陽董陽。南史作南譙郡蓋陽。鄉人……外無異門。內無異煙。詔榜門日篤行董氏之閭）

又孝義傳。元嘉初。西陽董陽。三世同財。爲鄉邑所美。五五上（祖布山。上三十）

又隱逸傳。陶潛與子書以言其志。并爲訓戒曰。……雖不同生。當

思四海皆弟兄之義。鮑叔管仲。分財無猜。歸生伍舉。班荊道舊。

遂能以敗爲成。因喪立功。他人尚爾。況共父之人哉。潁川韓元長

長。漢末名士。身處卿佐。八十而終。兄弟同居。至於沒齒。濟北氾
稚（幼）春。晉時操行人也。七世同財（家）。家人無怨色。詩云。高山仰止。景
行行止。汝其慎哉。陶淵明書。（宋九三6上）南史隱逸傳（七五8下）
宋書自序。上高祖以林子清公勤儉。賞賜重疊。皆散於親故。家無餘
財者。未嘗問生產之事。中表孤貧悉歸焉。（宋百8上）
齊書劉懷傳。出為……東陽內史。……蕃人郎業興。六世同爨。
表（旌）其門閭。（四七10上　南史四九9下）
又江斅傳。初宋明帝勑斅出繼從叔愻。為從祖淳後。於是僕射王
儉啟。禮無後小宗之文。近世緣情。皆由父祖之命。未有既孤之
後。出繼宗族也。雖復臣子一揆。而義非天屬。江忠簡胤嗣所寄。

唯數一人。旁無曆家。數宜還本。若不明江遠綿邈。可以數小兒推移尚難。尚有參議。諸聞世立成。稱年出文。前賢無子立議。膠稱之擬。何待為立此論。義無所據。於是數家還本宗。詔使自量立御史。太祖至正。南史出前數。祖湛字

南史文學傳。賈淵。……祖弼之。晉員外郎。父匪之。驃騎參軍。宋侍譜學。宋孝武世。青州人發古冢。銘云。青州世子。東海女郎。帝問學士鮑照、徐爰、蘇寶生。並不能悉。淵對曰。此是司馬越女。嫁苟晞兒。檢訪果然。由是見遇。……竟陵王子良使淵撰見客譜。……先是譜學未有名家。淵祖弼之。廣集百氏譜記。專心治業。晉大元中。朝廷給弼之令史書吏。撰定繕寫。藏秘閣及左戶曹。淵

父及淵。三世傳學。凡十八州士族譜。合百帙。七百餘卷。該究精悉。當世莫比。永明中。衛軍王儉抄次百家譜。與淵參懷撰定。建武初。淵遷長水校尉。荒傖人王泰寶買襲琅邪譜。尚書令王晏以啟高宗。淵坐被收。當極法。子棲長謝罪。稽顙流血。朝廷哀之。免淵罪。……撰氏族要狀及人名書。並行於世。（齊三五下）（南史七二）

同書良政傳：裴昭明從祖弟顗。……昇明末為奉朝請。高帝建世子。裴妃須外處謹。節不與。遂分籍。（齊三五下）

又孝義傳：封延伯。……渤海人也。……僑居東海。——三世同財。為州郡所重。……（建元三年大使巡行天下）義興陳玄子四世一百七十口同居。武陵邵榮興。文獻叔。八世同居。東海徐生之。武陵范安祖。李聖伯。

范逵根。五世同居。零陽譚弘寶。衡陽何弘。華陽陽黑頭。疏從四世同居。並共衣食。詔表門閭。蠲租稅。又蜀郡王續祖。華陽郝道福。並累世同爨。建武三年。明帝詔表門閭。蠲調役。（二五孔）南史孝義傳（七）三〇上

梁書徐勉傳：……該綜百氏。皆爲避諱。居選官時（廿五孔）南史六十孔

又傅昭傳：博極古今。尤善人物。魏晉以來。官宦簿伐。姻通内外。舉而論之。無所遺失。（廿六孔）南史六十孔

又王僧孺傳：僧孺集十八州譜七百一十卷。百家譜集十五卷。東南譜集抄十卷。……並行於世。（四十三孔）

隋書高祖宣皇后章氏：……本姓鈕。父景明。爲章氏所養。因改姓焉。（七上）南史同（廿二孔）

陳書周文育傳：義興陽羨人也。少孤貧。本居新安壽昌縣。姓項氏。
名猛奴。年十一。能反覆游水中數里。跳高五六尺。與羣兒聚戲。
衆莫能及。義興人周薈爲壽昌浦口戍主。見而奇之。因召與語。
文育對曰。母老家貧。兄姊並長大。困於賦役。薈哀之。乃隨文育
至家。就其母請爲己子。（未言同宗。）母遂與之。（八上）
又沈恪傳：尋補東宮直。以嶺南勳。除員外散騎侍郎。仍令招集
宗從子弟。（十二上）
又沈衆傳：侯景之亂。衆表於梁武帝。稱家代所隸故義部曲。並在
吳興。求還召募以討賊。梁武許之。及景圍臺城。衆率宗族及義
附五千餘人入援京邑。……（十八上）

陳、蕭允傳：弟引。侯景之亂，梁元帝爲荆州刺史，朝士多往歸之。引曰：諸王力爭，禍患方始。今日逃難，未是擇交之秋。吾家再世爲始興郡，遺愛在民，正可南行，以存家門耳。於是與弟彤及宗親等百餘人奔嶺表。時始興人歐陽頠爲衡州刺史，引往依焉。頠後遷爲廣州，病死，子紇領其衆……（四上）

又王瑒傳：瑒兄弟三十餘人，居家篤睦，每歲時饋遺，遍及近親，敦誘諸弟，並稟其規訓。（四三上）

又陸瓊傳：遷吏部尚書……瓊詳練譜牒。（南史）

又樊毅傳：毅累葉將門……侯景之亂，毅率部曲隨叔父文皎援臺。文皎於青溪戰歿，毅將宗族子弟赴江陵，仍隸王僧辯。（四下）

南史宋武帝紀：義熙十三年，九月。帝至長安。……遷姚宗於江南。
送泓。斬於建康市。（已引上）
又王彧傳：字景文。……名與明帝諱同。故以字行。（以上廿三頁）上既有
疾。而諸弟並已見殺。惟桂陽王休範人才本劣。不見疑。出為江
州刺史。慮一旦晏駕。皇后臨朝。則景文自然成宰相。門族強盛。
藉元舅之重。歲暮不為純臣。泰豫元年。春。上疾篤。遣使送藥賜
景文死。……手詔曰。與卿周旋。欲全卿門戶。故有此處分。……
門生焦度在側。憤怒。發洛覆地。曰。大丈夫安能坐受死。州中文
武可數百人。足以一奮。景文曰。知卿至心。若見念者。為我百口
計。（註）彧兄子奐。繼從祖球。奐小字彥孫。（以上廿三頁）球傳無子後　孫奐為從姪

為雍刺。永明十一年，輒殺寧蠻長史劉興祖。上……遣……與

收奐。……奐子彪……辭閉門拒命。長史殷叡，奐女壻也。諫……

……叡父□[illegible]死，百世門戶，宜思后計。彪與仰藥自全，則才名

俱泰。叡請先驅螻蟻。又不從。四三庭

南史袁粲傳：粲幼孤，祖哀之，名之曰愍孫。伯叔並當世榮顯，而愍

孫飢寒不足。母琅邪王氏，太尉長史誕之女也，躬事紡績，以供

朝夕。四廿六上

又周弘正傳：幼孤。弘正下論附王偉。又與周石珍合族。四七上

退居未達，好招媛氏。

又劉杳傳：王僧孺被使撰譜，訪杳血脈所因。杳云：桓譚新論云：太

史三代世表，旁行邪上，並效周譜。以此而推，當起周代。僧孺歎

旦可证得所未闻」（四九節）

南史王僧孺传知撰谱事。先是尚书令沈约。以为晋咸和初苏峻作乱。文籍无遗。后起咸和二年。以至于宋。所书并皆详实。并在下省左户曹前厢。谓之晋籍。有东西二库。此籍既并精详。实可宝惜。位宦高卑。皆可依案。宋元嘉二十七年。始以七条征发。既立此科。人奸互起。伪状巧籍。岁月滋广。以至于齐。患其不实。于是东堂校籍。置郎令史以掌之。竞行奸货。以新换故。昨日卑细。今日便成士流。凡此奸巧。并出愚下。不辩年号。不识官阶。或注隆安在元兴之后。或以义熙在宁康之前。此时无此府。此时无此国。元兴唯有三年。而猥称四五。诏书甲子。不与长历相应。校籍祕郎。亦所不覽。不才舍史。固自忘言。臣謂宋齊二代。士庶不分。雜役減闕。職由於此。竊以晉籍所餘。宜加寶愛。武帝以是留意譜籍。州郡多離其罪。因詔僧孺改定百家譜。始晉太元中。員外散騎侍郎平陽賈弼篤好簿狀。乃廣集衆家。大搜羣族。所撰十八州一百一十六郡。合七百一十二卷。凡諸大品。略無遺闕。藏在祕閣。副在左戶。及弼子太宰參軍匪之。匪之子長水校尉深。世傳其業。太保王弘。領軍將軍劉湛並好其書。弘日對千賓。不犯一人之諱。湛為選曹。始撰百家。以助銓序。而傷於寡略。齊衛將軍王儉。復加去取。得繁省之衷。僧孺之撰。通范陽張等九族。以代雁門解等九姓。其東南諸族。別為一部。不在百家之數。……

……集十八州谱七百一十卷。百家谱集抄十五卷。东南谱集抄
十卷。……并行于世。（同九注）
南史文学传来嶷兴祖皓学兼讨缘慕，及皓殁。并见弟子综书
共十六人。（同七注）
又纪少瑜，本姓吴，养于纪氏，因而命族。（同二十注）
又贼臣侯景传。景祖名乙羽周。及篡，以周为庙讳。故改周弘正石
珍姓姬名。王伟请立七庙。景曰：何谓七庙。伟曰：天子祭七世祖
考，故置七庙。并请七世讳。敕太常具祭祀之礼。景曰：前世吾不
复忆。唯阿爷名标，且在朔州，伊那得来啖是。众闻咸笑之。景党
有知景祖名乙羽周者。自外皆是王伟制其名位，以汉司徒侯

蕭爲始祖。晉徵士侯踵爲七世祖。於是推其先祖周爲大政相。

文標爲之皇帝。（八十9上）

齊書卷一殿本考證：曾杞國當曰二十四世孫也。宋葛搘通鑑考異曰。自相國何至皇帝一十餘世。忽舉二十三世，唯有名諱官位。蓋史官附會。又據漢書蕭望之傳，不叙世譜。此以爲何後，殊未確當。蕭傳云望之東海蘭陵人。即此可知帝之苗裔，亦未必皆妄矣。以建蕭紀之爲何七世孫。

宋書沈慶之傳：又有園舍在婁湖。慶之一夜攜子孫徙居之。以宅還官。悉移親戚中表於婁湖，列門同閈焉。（七七10上）

南史蔡興宗傳：父廓罷豫章郡還，起二宅。先成東宅。以與兄軌。之野長沙郡還。遺錢五十萬。以裨宅直。與宗第十一。白母曰。一家由來豐儉必共。今日宅直。不宜受也。母悅而從焉。執深有愧色。謂其子淡曰。吾年六十。行年不宜及十歲小兒。（卅九下）

魏書世祖紀太平真君六年三月是月。海泉公都溫反於杏城。殺守將王幡。殺吏蓋鍾寧宗族討溫。〻棄城走。自殺。家屬伏誅。（可）

下（了上）

又景穆十二王傳。初遙大功昆弟皆是恭宗之孫。至肅宗而本服絕。故除遙等屬籍。遙表曰。……（景穆皇帝—京兆王子推—遙）……先皇所以變茲事條。為此別制。比太和之季。方有意於吳蜀。經始之費。慮深在初。割減之起。暫出當時也。……但傳大宗一

紀。列天子后寵不過十數人而已。在漢世之上。不限多少。如晉
列大而書。語之曰：傳子於魏晉。莫不廣胎河山。稱之曰后。……
高祖所以國族榮達。後給衣食。后族唯給其廩。而無其令時。之
之語。尚可討論以通。蓋言今任城王澄[redacted]左僕射之暉奏同
遵表。靈太后不從。（廿九上至廿下）
魏書李仲璇傳……弘農太守。先是宮牛二姓阻險為害。仲璇示
以威惠。並即歸伏。（四六上）
又李寶傳：李氏自初入魏。人位兼舉。因沖寵遇。遂為當世盛門。而
仁義吉凶。情禮淺薄。期功之服。殆無慘容。相視窘乏。不加拯濟。
識者以此[redacted]貶之。（卅九下）

魏書源子恭傳蕭衍亡人許團自稱爲衍給事黄門侍郎。朝士翕然。咸共信待。子恭奏曰……又其履歷清華。名位高達。計其宗累。應任不輕。今者歸化。何其孤迥。設使有罪無遽。而日攜持及其來後。家貲産業。應見俘斂。今單口寡。亦應發法。而周更安怡然。當無憂慮……（四一上）

薛氏　魏書薛辯傳（四二上）

魏書薛辯傳鳳隴……河北大宗。郡帶山河。路多盜賊。有韓馬兩姓。各二千餘家。恃強憑險。最爲狡害。劫掠道路。侵暴鄉閭……也（四二上）北史卅六上

又盧玄傳子度世……李氏之甥。其母高陽州也。國家魏初平村城無

盧房宗吉母傅氏，度世繼外祖母兄之子婦也。兗州刺史申纂妻賈氏，宗吉之姑女也。皆亡破軍途，病憔悴，而度世推計中表，致其恭恤。每覲見傅氏，跪問起居，隨時奉送衣被食物。亦存振賈氏，與其肥膿。青州既陷，諸崔墜落，多所收贖。及淵、昶等（度世子），淵、昶皆並循父風。遠親疏族，敘為尊行長者，莫不畢拜致敬。閨門之禮，為世所推……至於兄弟同居共財，自祖至孫，家內百口。在洛時有飢年，無以自贍，然尊卑怡穆，豐儉同之。親從昆弟，常旦省謁諸父。出坐別室，至暮乃入……淵（伯儒）兄弟亡，及道將卒後，家風衰損，子孫多非法。帷薄混穢，為論者所鄙。

魏書鄭羲傳：載見洞林，洞林孫瓊之足弟雅睦，且諸婦姒亦咸相親

愛。閨門之內，有無相通。當時人所稱羨。（五六4下）

魏書崔挺傳：五代同居，門有禮讓。於後頗植產業。家始分析。挺與
弟振。振推讓田宅舊資，惟守墓田而已。家徒壁立，兄弟怡然。（五七上）（北史卅二上）
有子六人。長子孝芬。孝芬弟孝暐。孝暐弟孝演。孝演弟孝直。
孝直弟孝振。孝芬兄弟，孝義慈厚。而孝演、孝政先亡。孝芬等
哭泣哀慟。絕肉蔬食。容貌毀瘠。見者傷之。孝暐等奉孝芬恭
順之禮。坐食進退。孝芬不命，則不敢也。雞鳴而起。且溫顏色。一
錢尺帛，不入私房。吉凶有須，聚對分給。諸婦亦相親愛。有無共
之。始挺兄弟同居。孝芬叔振既亡之後，孝芬等承奉叔母李氏。
若事所生。旦夕溫凊，出入啟覲。家事巨細，一以諮決。每兄弟出

所有橫財物。尺寸已上。皆歸李氏之庫。四時分賚。李自裁之。為此者二十餘歲。播從子宣伯子聞。亦同爨焉。（五七上）

魏書楊播傳子侃。孝莊從御河北。執侃手曰。……卿尊卑百口。若隨朕行。所累處大。卿可還洛。寄之後圖。侃曰。此謂陛下未思。寧可以臣微族。頓廢君臣之義。固求陪從。（五八上）莊帝以圖尒朱榮也。侃與其內弟李晞。城陽王徽。侍中李彧等。同預其謀。尒朱兆之入洛也。侃時休沐。遂得潛竄。歸於華陰。普泰初。天光在關西。遣侃子婦父韋義遠招慰之。立盟許恕其罪。侃從兄昱恐為家禍。令侃出應。假其食言。不過一人身殁。冀全百口。侃往赴之。秋七月。為天光所害。（五八上）

播弟椿之顥入洛。椿子亦來

將軍顯於鎮蘅陽。而顯所撰。又椿弟順。而薊州刺史。順子仲宣。

在平太宗。兄子侃弟子適。並從駕河內。而顯撰錄。以椿宗世顯

重。恐先人墜。未及加罪。時人助其歎。有勸椿撰宗庭禍。椿

曰。吾內外百口。何處幽顯。石背吐任賢遇。此（全八仁）莊帝罷官。

……上書頻請致和。……臨行誡子孫曰。……吾兄弟若在家。

必同盤而食。若有近行不至。必待其還。亦有過中不食。忍饑相

待。……又願畢吾兄弟世。不異居異財。……於閔海等是時有

別齋獨食者。此又不如吾等一世也。（上下）一家之內男女百口。

緦服同爨。庭無間言。魏世以來。唯有盧淵兄弟及播昆季當世

莫逮焉。（此）

魏書韓麒麟傳：孫子熙……少孤。為叔顯宗所撫養。及顯宗卒，子伯華又幼。子熙友愛，等於同生，長猶共居。車馬資財，隨其費用。未嘗見其靳色。又上書求析階與伯華。……（六〇上）

又袁翻傳：父宣，有才筆，為劉彧青州刺史沈文秀府主簿。皇興中，東陽平，隨文秀入國。而大將軍劉昶每提引之，言是其外祖親，令與其府諮議參軍袁濟為宗。宣時孤寒，甚相依附。及翻兄弟官顯，與濟子洪儁等遂相陵競，洪儁乃絕其往來以相[illegible]。（六九止）

又裴叔業傳：叔業重諸孫，居於子姪。同於[illegible]……[illegible]。叔業兄之孫[illegible]植自州[illegible]州遂[illegible]入。敬以文繡，共以此補之。（七一止）

奉母。及贍諸弟。而各別資財。同居異爨。一門數竈。蓋亦染江南

之俗也。植母[illegible]

裴植傳。（卷七一）

[illegible]傳云[illegible]：：：讀此。但渠牧犍[illegible]

：：：初[illegible]以主痛[illegible]牧犍[illegible]

沮渠蒙遜[illegible]（卷九九）

[illegible]傳。[illegible]遂沮渠氏滅。（卷[illegible]）

又裴伯茂傳：伯茂先出後其伯仲規。與兄景融別居。景融貧窘。伯

茂了無賑恤。殆同行路。世以此貶之。（卷八五）

又節義傳石文德：：：世同居。閨門雍睦。又[illegible]天[illegible]自[illegible]

石路人趙令安、孟蘭彊等，四世同居，行著州閭，詔並標榜門閭。

（只七傳全止）李凡七世共居同財。家有二十二房，一百九十八口，長幼

濟濟，風禮著聞。至於作役，卑幼競進。鄉里嗟美，標其門閭。（選止）

王閭，北海密人也。數世同居，有百口。又太山劉業興，四世同居。

魯郡蓋儁，六世同居，並共財產，家門雍睦，鄉里敬異。有司申奏，皆

標其門閭。（選孖下止）

又諸兄弟供儀：……重上。雖異祖，家門豪盛，家屬隆隆，多止亡

命之之五家。騎親故五六十家。而異祖家業相事寧溢……

（只九止）

又為弟侍其中軍府錄事參軍周顯駿曰：今七大夫父母所為

弟異計。十家而七。庶人父子殊產。八家而五。凡甚者乃危亡不相知。飢寒不相恤。又嫉謗讒害。其間不可稱數。宜明其禁。以易其風。俗弊如此。據此材料。（宋書八二）

魏書高祐傳：其官位大儒劉昞之。從弟將軍劉瓛之。此可贈給見子。珍使隨其從據。免古禁錮。（九八上）

又高祐傳：孫諒。造親表譜錄四十許卷。自五世之外。別出房分廿原若譜記（五七上下）

北齊書高隆之傳：本姓徐氏。云出自高平金鄉。父幹。魏白水郡守。為姑壻高氏所養。因從其姓。……隆之後有參議之功。高祖命為從弟。仍云渤海蓨人。（十八上）

北齊書慕容儼傳：又，代人厙狄伏連……伏連家口有百數，盛夏
之日，料以倉米二升，不給鹽菜，常有饑色。冬至之日，親表稱賀。
其妻為設豆餅。伏連問此豆何處得，妻云向於馬豆中分減。
之。伏連大怒，典馬、掌食之人，並加杖罰。積年賜物，藏在別庫。
遣侍婢一人，專掌管籥。每入庫檢閱，必語妻子云：此是官物，不
得輒用。至死，竟[illegible]，並歸天府。伏連為鄭州刺史，專事聚斂
[illegible]時與琅邪王儼殺和士開，伏誅。卌

82 北史 五三 84

又韋子粲傳：初，子粲兄弟十三人。子粲歸款，闔門百口，悉在西魏。
以子粲陷城不死難，[illegible]
以粲[illegible]長史[illegible]
（軍還豫州刺史）[illegible]道諧二人而已。

請子孫係入郎。孫官無人。遂特褒之詔。今其無屋。所得摩孫。
勝不於及。其不得恩數久也。(晉孝郎)
北史楊播傳 楊播一門の世同居。宗族隆盛。且重義學行三十餘
也。(晉書)の一 津子北史
而嫡孫承業，仍存權勸。中山人。母路道拜孫氏。承業於孫。隨其身
封嫡孫宗所嗣蔭。者除其姓定。(晉書上)五三 北史
之儒毋將可乘……時議以為之可以嫡承者。不以嫡孫之嫡子之
嫡孫。承嫡[redacted]孫之嫡子而。無嫡子而嫡子之嫡子，孫而。象以為無嫡
孫庶之嫡曾孫。不，庶之嫡子而。議曰。……嫡子之嫡庶。再用賤庶。……
……(山の孔上)究北史 廿六

周书辛庆之传：其家门友义，五世同居，世以此称之。（卅九北）

又赵刚传：……世宗……朗性学文氏。（卅三北）

又薛谆传：与弟说特相友爱，虽复年事并高，名位成重，所有资产，皆无私焉。（卅六北）

又锐情文氏。（卅五北）

又说李彦士务锐情文氏，每锐意决焉。（又）

又令狐整传：本名延，锐情文氏，尤锐精意。（卅六北）别本作籍（卅六北史）

又寇俊传：父祖训，祖礼及俊，并有志行，闺门雍睦，白首同居。（卅七北）

魏孝武帝三年，时将若口引氏（下）俊笃于仁义，务功之有孙

世祀仓丰，弟俱与之同。（卅七北史）

又韩雄传：河南东垣人也。大统三年，将所部来讨，齐事宗人为卿

等（卷廿上）　赐姓乙弗氏（注）

周书李彦传：赐姓宇文氏（卷卅下）

又薛憕传：河东汾阴人也。曾祖弘敞，值赫连之乱，率宗人避地襄阳。……孝昌中，杖策还洛阳。先是，憕族祖真度，与族祖安都，拥徐兖归魏。并子怀儁，见憕甚相款善。（卅八卷）

又儒林樊深传：赐姓万纽于氏（卷四五）

又儒林乐逊传：授湖州刺史。……民（人）多蛮左，未习儒风。……蛮俗生子长大，多与父母别居。逊每加劝导，多革前弊。（卷四五）北史八二

又静帝纪：大象元年十二月癸亥，诏曰：诗称不忘同姓，传曰异姓为后。盖明辨亲疏，皎然不杂。太祖受命，……文武群官，赐姓者

京。……不兼非類。異骨肉而共烝嘗。不受其祀。在於路而敘昭穆。……誠以姓然。宜復舊。（六卷）

周书劉亮傳：太祖乃謂之曰：卿文武兼資。即孤之孔明也。乃賜名亮。并賜姓侯莫陳氏。（十七卷）

又豆盧寧傳：昌黎徒河人。其先本姓慕容氏。前燕之支庶也。高祖勝。以燕皇始初歸魏。授長樂郡守。賜姓豆盧氏。或云避難改焉。（十九卷）

又王雄傳：魏恭帝元年。賜姓可頻氏。（十九卷）

又閻慶傳：賜姓大野氏。（廿卷）

又柳慶傳：孝閔帝踐阼。賜姓宇文氏。（廿二卷）

周书苏绰传：弟椿赐姓贺兰氏（廿三 6下）

又李贤传：高祖及齐王宪之在襁褓也，以避忌，不利居宫中。太祖令于贤家处之。六载乃还宫。因赐贤妻吴姓宇文氏，养为侄女。赐与甚厚。（廿五 2下）

又长孙俭传：其先魏之枝族，姓托拔氏。孝文迁洛，改为长孙。（廿六 1上）

又赫连达传：勃勃之后也。曾祖库多汗，因避难，改姓杜氏。（廿七 1上）诏复姓赫连氏（2上）

又蔡祐传：赐姓大利稽氏（廿七 3上）

又辛威传：赐姓普屯氏（廿七 4上）

又薛端传：赐姓宇文氏（卅五 6上）

周書田弘傳，賜姓紇干氏（廿七5上）

又梁臺傳，賜姓賀蘭氏（廿七6上）

又王傑傳……賜姓宇文氏（廿九1上）

又王勇傳……賜姓庫汗氏（廿九2上）

又耿豪傳，賜姓和稽氏（廿九3上）

又高琳傳，其先高句麗人也。六世祖欽。爲質於慕容廆。遂仕於燕。

五世祖宗。率衆歸魏。拜第一領民酋長。賜姓羽真氏。（廿九3下）

又李和傳，賜姓宇文氏（廿九4下）

又劉雄傳，賜姓宇文氏（廿九6下）

又侯植傳，賜姓侯伏侯氏（廿九7上）

又竇熾傳，扶風平陵人也。漢大鴻臚章十一世孫。章子統，靈帝時為雁門太守。避竇武之難，亡奔匈奴，遂為部落大人。後魏南徙，子孫因家於代，賜姓紇豆陵氏。（卅上）

又李穆傳，賜姓拓拔氏（卅下）

又韋叔裕傳，字孝寬，少以字行。賜姓宇文氏（卅一上）

又庫狄峙傳，其先遼東人。本姓段氏，匹磾之後也。因避難改焉。（卅三上）

又王悅傳，賜姓宇文氏（卅三下）

又鄭孝穆傳，賜姓宇文氏（卅五下）

又崔猷傳，賜姓宇文氏（卅五上）

又薛善傳「賜姓宇文氏」(卅五下)

又段永傳「……以孫之也」賜姓爾綿氏」(卅六下)

又令狐整傳「……賜姓宇文氏。並賜名整焉。」(卅六下)

又劉志傳「……賜姓宇文氏」(卅六下)

又寇儁傳「親黨第三第。賜姓若口引氏。」(卅七下)

又韓褒傳「太祖為丞相。引褒為錄事參軍。賜姓侯呂陵氏。」(卅七下)

又趙肅傳「賜姓乙弗氏」(卅七下)

又張軌傳「賜姓宇文氏」(卅七下)

又李彥傳「賜姓宇文氏」(卅七下)

又裴文舉傳「賜姓賀蘭氏。」(卅七下)

又高熲傳賜姓獨孤氏（四一卷）　又牛弘傳安定[redacted]允本姓牛氏——

賜姓宇文氏——子弘——大象末復姓牛氏（四九卷六頁）

又李穆傳賜姓宇文氏（卅七卷）

又韋瑱傳賜姓宇文氏（四九卷）

又王軌傳累事任親賜姓烏丸氏（四十卷）

又韓雄傳賜姓宇文氏（四三卷）

又陳忻傳賜姓尉遲氏（四三卷）

又儒林樊深傳[redacted]河東猗氏人也——魏孝武西遷樊王二姓舉義

西魏初深父保周叔父歡周並被害（四五卷）賜姓萬紐

于氏

北史隋本紀煬帝大業五年三月庚午。有司言武功男子史永遵
與從父昆弟同居。上嘉之。賜物一百段，米二百石，表其門閭。（十
二上）隋書三上

北史景穆十二王傳汝陰王天賜曾孫褒，諸兄議欲別居。褒泣諫。
不從。家素富，多金寶。褒一無所受。脫衣而出。（卅七上）隋書五十上

北史崔宏傳清河崔寬孫敬，第勝之弟。為京兆王愉錄事參軍，與愉同逆伏法。孝敬為
黃本軍二主帥文誨所藏。其宗業見籍沒。惟敬妻李氏以公主之
甥自隨。奴婢田宅二百餘口悉得免。（卅四上）

北史許彥傳曾孫子絢，閨門雍睦。三世同居。吏部尚書李神儁常
稱其宗風。（卅六上）

北史辛紹先傳孫少雍ニ「妻王氏。有德義。少雍與從弟懷仁兄
弟同居。懷仁等事之甚謹。閨門禮讓。人無間言。士大夫以此稱
美」(冊六86)
北史景穆十二王傳濟陰王小新成節孫暉業「……撰魏藩王家
世。號為辨宗錄。四十卷。行於世。」(冊上壯)
又宋隱傳弟子世良「為清河太守。……郡東南有曲堤。成公一
族。阻而居。以盜多萃於此。人為之語曰。寧[redacted]度東吳會稽。不歷
成公曲堤。世良施以八條之制。盜奔他境。……」(冊六下)
又世良「……撰宋氏別錄十卷」(冊六下)
又
高[redacted]傳祐祖為孫諒造親表譜錄四十餘卷。自五世以下。
允

内外世系。略如其傳記。(四四一〇八)

北史李靈傳：孫顯甫。豪俠知名。集諸李數千家。於殷州西山。開李魚川。方五六十里。居之。顯甫為其宗主。(三三止)

又李士謙傳：李氏宗黨豪盛。每歲春秋二社。必高會極歡。無不沈醉諠亂。嘗集士謙所。盛饌盈前。而先為設黍。謂羣從曰。孔子稱黍為五穀之長。荀卿亦云。食先黍稷。古人所尚。寧可違乎。少長肅然。無敢弛惰。退而相謂曰。既見君子。方覺吾徒之不德也。(四三止)

隋書 七七下

故史傳卒年子。與宗人貴賤出事。故始置典殯之于宗。葬於墓冷。即令而繼之。葬其府。一貴典婚置種宗家。性業諱讒不相附。共居往來乃簡。及亡而收恤至厚。議其以為渋安敦嘉歸宗。

孫緣求利邑稅也。（卅四上）

北史薛慎傳：保定初，出為湖州刺史。……蠻俗婚娶之後，父母雖在，即與別居。慎謂守令曰：牧守令長，是化人者也。豈有其子娶妻，便與父母離析。非唯蠻俗之失，亦是牧守之罪。慎乃親自誘導，示以孝慈。并遣守令，各喻所部。有數戶蠻，別居數年，遂還侍養。及行得果膳，歸奉父母。慎以其從善之速，具以狀聞。有詔蠲其賦役。於是風化大行，有同華俗。（卅六上）

又甄琛傳：與弟僧林，譽以同居歿齒。（四十下）

又楊播傳：弟椿，椿之子昱，……昱以叔舒妻，武昌王和之妹。和即文之姪。舒早喪，有一男六女。及終喪，元氏請別居。昱父椿，[illegible]

諠語曰。我弟不幸奄終。今累未播。如來樣。何使我別居。不移遂情滅。〻〻（五八）

播家世純厚。並敦義讓。昆季相事。有如父子。播性剛毅。椿津恭謙。兄弟旦則聚於廳堂。終日相對。未曾入內。有一美味。不集不食。廳堂間往往幃幔隔障。為寢息之所。時就休偃。還共談笑。椿年老。曾他處醉歸。津扶侍還室。仍假寢閤前。承候安否。椿津年過六十。並登台鼎。而津常旦暮參問。子姪羅列階下。椿不命坐。津不敢坐。椿每近出。或日斜不至。津不先飯。椿還然後共食。食則津親授匙箸。味皆先嘗。椿命食。然後食。津為司空。於時府主皆引僚佐。人有就津求官者。津曰。此事須家兄裁之。何爲見問。初津爲肆州。椿在京宅。每有四時嘉味。祖同使婢附之。若或未寧。不先入口。椿每得所寄。輒寄之不言。兄弟並皆有孫。津椿有曾孫。年十五六矣。椿常利之早亂。坐見之孫。自是已下。率多如學尚。時人莫不欽羨。一家之內。男女百口。緦服同爨。庭無間言。魏世以來。唯有盧陽烏兄弟及播昆季。當世莫逮焉。(同上四一止)(魏書五八止)

北史宋瑞傳：代郡桑乾人也。瑞以青州樂陵有宋氏。宗鄉阿姓。故求為青州中正。又以滄州樂陵亦有宋氏。而[illegible]心相與好。遂乞三從同屬滄州樂陵郡。詔許之。仍轉滄州大中正。(同上九〇止)

又山偉傳：偉弟少亡。偉撫寡訓孤。同居二十餘載。恩義甚篤。(同上八一)

又齊宗室諸王傳上：上洛王思宗，神武從子也。思宗弟思[illegible]好。本浩氏子也。思

宗泰以爲第，遂之去唐。」（五一卷）

北史魏收傳：「楊愔嘗謂收曰：此謂不刊之書，傳之萬古。但恨論及諸家枝葉親姻，過爲繁碎，與舊史體例不同耳。收曰：往因中原喪亂，人士譜牒，遺逸略盡，是以具書其枝派。望公觀過知仁，以免尤責。」（五六卷）

北史李賢傳：「自云隴西成紀人，漢騎都尉陵之後也。陵沒匈奴，子孫因居北狄，後隨魏南遷，復歸汧隴。」（五九卷）

又獨孤信傳：「子羅，父信隨魏孝武帝入關中，羅遂爲高氏所囚。及信爲宇文護所誅，羅始見釋。寓居中山，孤貧無以自給。齊將獨孤永業以宗族故，哀之，爲買田宅，遺以資畜。」（六一卷）

隋書七九卷

北史[redacted]傳[redacted]（韋孝寬，韋叔裕字孝寬。）京兆杜陵人也。世爲三輔著姓。宜陽被圍。孝寬乃謂其將帥曰：……若棄崤東來，圖我汾北，我之疆界，必見侵擾。今宜於華谷及長秋速築城，以杜賊志。脫其先我，圖之實難。於是畫地形，具陳其狀。晉公護令長史叱羅協謂使人曰：韋公子孫雖多，數不滿百。汾北築城，遣誰固守。事遂不行。（以節）

北史韋祐傳：周文……語祐曰：吾以今爾爲子。爾當父事我。……從輕騎候。下馬步鬥。左右勸乘馬以備倉卒。祐怒之曰：爾輩我如不如。今日豈以性命爲念。（以上節略）及周文崩。祐悲慕不已。（節）以兼乘虜逝。（節）

北史唐永傳：子瑾，賜姓宇文氏。時燕公于謹勳高望重，朝野所屬。白周文，言瑾學行兼修，願與之同姓，結爲兄弟，庶子孫承其餘論，有益義方。周文歎異者久之，更賜瑾姓万紐于氏。瑾乃深相結納，敦長幼之序，瑾亦庭羅子孫，行弟姪之敬。其爲朝望所宗如此。（卷六七）

又賀若敦傳：河南洛陽人也。其先居漠北，世爲部落大人。（卷六八）

又韋謹傳：謹兒未識而孤，養於世舅吳氏。姑僕異之意，謹兒世父爲鄉人陶某子所害。吳氏以此流涕而謂謹兒言之。某子宗黨百家。及自專後，謹兒思復怨，因其有婚禮，乃結客數人，直入其家，引某子斬之。賓客皆懼，不敢動。乃以其頭祭伯父墓，因擒伏

巖深。……（七六外上）

北史周法尚傳：隋文帝（高祖）為丞相，司馬消難作亂，陰遣上開府段珣攻、圍之、無救援，法尚棄城走。消難虜其母弟及宗累三百人歸於陳。（七六上）隋か六五外下

又鮑宏傳：初，周武帝敕宏修皇室譜一部，分為帝緒、疏屬、賜姓三篇。（六七下）隋か六六外上

又高構傳：隋文帝受禪，累遷戶部侍郎。……馮翊武鄉女子焦氏既癡又聾，嫁之不售。嘗樵采於野，為人所犯，而有孕，遂生一男。年六歲，莫知其姓。於是申省，構判曰：「母不能言，窮究理絕，案風俗通，姓有九種，或氏於爵，或氏於居。此兒生在武鄉，可以武為

姓。(七七下)

北史竇熾傳，文帝嘗命升御坐宴之。謂曰：卿可為朕兒，朕為卿父。今日聚集，示無外也。(四六下)

又宇文述傳，性貪鄙，知人有珍異物，必求取。富商大賈及隴右諸胡子弟，皆接以恩意。呼之為兒，由是競加饋遺，金寶累積。(七九上)

又有趙行樞者，本太常樂戶，家財億計。述謂為兒，受其賂遺。

(八上)

又儒林劉炫傳，吏部尚書牛弘建議，以為禮諸侯絕旁期，大夫降一等。今之上柱國，雖不同古之諸侯，比大夫可也。官在第二品，宜降旁親一等。議者多同以為然。炫駁之曰：古之仕者，宗一人而也。庶子不得進。由是先王重適。其宗子有分祿之義。族人與宗子雖疏遠。猶服衰三月。良由受其恩也。今之仕者。位以才升。不限適庶。與古既異。何降之有。今之貴者。多忽近親。若或降之。人道之疏。自此始矣。遂寢其事。（八二頁） 隋书 七三 7下

北史孝行傳又東郡小黃縣人董吐渾。兄養。事親至孝。三世同居。閨門有禮。 吳悉達兄弟三人（八[illegible]頁）與弟同居。四十餘載。閨門和睦。讓逸競勞（八[illegible]頁）

[redacted]

孝義傳郭儁……家門雍睦七世同居……（八五頁） 隋书 七三 7下

北史獠傳 略無氏族之別(九五 7上)

又 嘉良夷 其人並無姓氏(九六 10上) 隋書(二三 8上)

隋書食貨志 其時山東尚承齊俗 機巧姦偽 避役惰遊者十六七。四方疲人。或詐老詐小。規免租賦。高祖令州縣大索貌閱。戶口不實者。正長遠配。而又開相糾之科。大功已下。兼令析籍。各為戶頭。以防容隱。(四五 7上)

又 地理志 梁州 小人薄於情禮。父子率多異居。(四九 7上)

又 揚州 其俗……父子或異居(四一 6上)

隋書經籍志 史部譜系 四十一部。三百六十卷。通計亡書。合五十三部。一千二百八十卷。之官小史職之 晉有若書 存廢(四三 上)

又以魏遷洛，有八氏十姓，咸出帝族，又有三十六族，則諸國之從
魏者，九十二姓，世為部落大人者，並為河南洛陽人。其中國士
人，則第其門閥，有四海大姓、郡姓、州姓、縣姓。及周太祖入關，諸
姓子孫有功者，並令為其宗長，仍撰譜錄，記其[redacted]所承，大以關內
諸州為其本望。（四三12上）

又孝義傳：徐孝肅，汲郡人也。宗族數千家，多以豪侈相尚，惟孝肅
性儉約，事親以孝聞，雖有幼[redacted]要，宗黨間每有爭訟，皆至孝肅所
平論之，而孝肅所短者，無不引咎而退。（七二上）
又藝術傳：韋鼎，高祖嘗從容謂之曰：韋世康與公相去遠近。鼎對
曰：臣宗族分派，南北孤絕，自生以來，未嘗訪問。帝曰：公百世卿

族。河間令也。乃命官給酒殽。遂出與鼎還杜陵。樂飲十餘日。

鼎乃考校昭穆。自楚太傅孟以下二十餘世。作韋氏譜七卷。（七）

八[illegible]

隋書南蠻傳：赤土，既娶則分財別居。惟幼子與父同居。（乃之廷）

又真臘，其俗非王正妻子，不得為嗣。王初立之日，所有兄弟並刑

殘之。或去一指，或劓其鼻，別處供給，不得仕進。（乃之廷）男婚禮

畢。即與父母分財別居。父母死，諸有未婚者，以餘財與之。若婚

畢。財物入官。（[illegible]）

吹律定姓之說。隋書輿服志：開皇初，太子少步兵校尉伏[illegible]容議：

以為……三代服色，以姓音為尚。隋承徵音，始運為火，移運之

之。今既無善律，則大常所奏，亦宜依律造。若有善吹律者，使之參取推者。大予儀圖辭樂，三代推音。古樂節記，戴音配者。起自晏寄。則是更寄善識推辭，不復清假吹律，同協於律遠代之宣商，而更遂其結之律呂。而亦當今無知吹律以定所尚，宜附律以從雅頌。皇魏承以行運為所尚。非真不定於晉氏，為此。誠有善律之知音。不宜徵辭以為者。散騎常侍劉朗之等十五人並議駁之，事不行。（十七葉）

高散至異侍，上嘗謂以高宗代異領選。帝欲問之。異啟曰：雪清穌有緣，然不讀百氏，恐不可居此職。上乃止。（四二葉）

魏書田益宗傳：初益州內附之際，蕭衍寧州刺史文重鸞追討之。

官軍追擊。執戮。并其少子景曜。送於行宮處……魯陽人。眞君末隨父南叛。雖長自江外。言語風氣。猶同華夏。……以處為越騎校尉。景曜為員外郎。謀投南叛。從徙朔州。及東魏祖眞南討溱陽。名隸從軍。景曜至汝陽。與其父為書奔叛。軍次魯陽。遂單騎南奔。至南陽新野。歷告二城以魏軍虛實。并戒之備防。……至境首。北向哭呼景曜云。吾百口在彼。事理須還。不得殞此一子也。景曜鎖詣行在所。稽而斬之。（卷六一）

宗族

今律宗族之变。瑞士民法载共同生活之亲属由家长权定

其權定时始由最多之者为之 民法一一二の條

家以法親屬制度亦分血親与姻親 民法第九六七又九六九條

家庭與教育。人類見弱稚長 禽獸之生后即能自謀其食

二三年 人至少須六年然后生物的發見 此後則能應付社

會為社會的發見 此兩時期大部分生活在家庭也

古之作戰宗一人為子不得重迎田世不論通歷 隨者傳者則後傳

異姓亦稱宗宗 陸方案姿 財補注

累世同居違其典 清會

重家待親屬不可過厚 宋皇子同居甚非 徐乾學駁曾子固之族 議見經世文編五十八

尊長殺卑幼減刑。唐律，尊長謀殺卑幼者依故殺罪減二等，已殺者依故殺法。明律，子孫違犯教令，而祖父母父母非理毆殺者處十等罰，故殺者徒一年

親族

妹初稱弟。北美印第安人稱兄姊不同，弟、妹則同。妹初義只指少女。易歸妹注：妹，少女之稱也。（參李玄伯中國古代社會新研葉二五〇）

親族

兄弟子亦曰子。劉仲達說今人謂兄弟之文夫子亦曰猶非也

古以兄弟之子謂曰子。漢書疏廣傳與其兄子受父子並師傅

後漢書蔡邕傳邕與其叔父質同罪上書自陳亦曰言事者欲

陷臣父子。晉書謝安傳安與兄子玄父子嘗著大藝無說戲太

帝父子亦指叡顯及其父子。諸其說甚是。顏氏家訓風操篇

世以來始呼叔姪（中國古代社會詳研篇一五二）

姨兄弟曰稱親亦謂從母昆弟也見左襄二十三年杜注

父母弟兄姊妹。我稱父弟兄曰父，母弟兄曰舅，謂舅叔同稱

我母姊妹亦曰母，父姊妹曰姑，謂姑與從母同稱

宗族

濱口如四三一。按下人所謂濱口同於中國人之姓，其範圍初小，後人多則分，於是乃有其氏族（泰言希臘羅馬）。古代社会研究第87

前氏族。依兩性而分級：老年　中年　成年　幼年。此時無姓氏，適應於此

如彭那魯亞婚即羣婚之一式也

圖騰爲母系。之始羣婚如圖騰羣婚也。同圖騰禁婚，而氏族內部發生出圖騰成分有

圖騰制早於父系母系　圖騰適亞羣婚者　至女子以其姓傳諸子女而成母系

圖騰非部落。鄰近部落可同圖騰，圖騰聯繫因之廣泛

氏族至部族。氏族大折爲宗族，宗族結合成種族

家族

氏族之崩潰。土地本氏族公有，共耕播需要分配。鉏耕發明犁耕，人多共耕難，且距所居遠，則氏族不必要，而血族集團起，其即家族也。於時氏族之內有家庭矣。氏族之財產，以此而分，即分其地於各家之手，有共收益而出者，干供公社。

家族氏族不相干。莫更于云「無論何種家族，在其早期及後期，皆一部分在氏族內，一部分在氏族外，由夫婦不同氏族也」「家族之興起，不與氏族相干」氏族經常爲社會制度之基礎，家族非合體加入氏族」勉案：婦雖歸夫家，而屬於夫之家則

此說似非

新羅民無氏　新書　計87

姓氏

[redacted]

晋书陈骞传：『父矫，魏司徒。矫本广陵刘氏，为外祖陈氏所养，[redacted]因而改焉。』

又嵇康传：『……谯国铚人也。其先姓奚，会稽上虞人，以避怨徙焉。铚有嵇山，家于其侧，因而命氏。』（四九上）

又束皙传：『汉太子太傅疏广之后也。王莽末，广曾孙孟达避难，自东海徙居沙鹿山，因去疏之足，遂改姓焉。』（五一8下）

北齐书綦连猛传：『代人也。其先姓綦，六国末，避乱出塞，保祁连山，因以山为姓，北人语讹，故曰綦连氏。』（四一3上）

又元景安传：『魏昭成五世孙也。……父永。』初，永兄祚袭爵陈留東。祚卒。子景皓嗣。天保時。諸元帝室親近者多被誅戮。疏宗如景安之徒。議欲請姓高氏。景皓云。豈得棄本宗。逐他姓。大丈夫寧可玉碎。不能瓦全。景安遂以此言白顯祖。乃收景皓誅之。家屬徙彭城。由是景安獨賜姓高氏。自外聽從本姓。（五卅）

嚴音莊。毛詩古音考四卷。嚴音莊。明帝諱莊。改莊助爲嚴助。以其音之同也。古人改易名姓如陳田馬非之類。皆字異音同

創新姓。廉希憲以色目生時父官廉訪　全月碑

避諱改姓。有復姓

鶡姓。惡其人曰鶡冠姓也

以五行定姓氏補考篇下列

氏姓由來及其宗　吹律定姓（潛夫論志氏姓）

姓譜曰魏孝文改鮮卑姓曰（通志）　金改女真（綴耕錄一）　為異族賜姓

姓　明洪武元詔禁胡姓九年以火你赤為翰林編修賜姓名

於國諸人多自改西域七道賜姓名

討虜府命不日而日族曰趙天子冀吾循循之宗十一族（日知錄廿三）

滿蒙有氏而以名行

譜例曰信世文編卷五十八嘉興紀氏宗譜序例　敍次宗譜例

言

自為氏曰新唐書陸羽傳陸羽字鴻漸一名疾字季疵復州竟陵人

不知所生或言有僧得諸水濱畜之既長以易自筮得蹇之漸

曰鴻漸於陸其羽可用為儀乃以陸為氏名而字之（[illegible]）

豆姓去豆盧，新《豆盧欽望傳》（百十四）
周書文帝紀魏恭帝元年：魏氏之初，統國三十六，大姓九十九，後
多絕滅。至是，以諸將功高者為三十六國後，次功者為九十九
姓後，所統軍人亦改從其姓（二紀）
又梁禦傳：其先安定人也，後因官於邊，遂家於武川，改姓為豆紇
陵氏（十七） 劉亮傳：……賜姓侯莫陳氏（十七） 王德傳：賜姓烏
丸氏（十七） 豆盧寧傳：昌黎徒何人，其先本姓慕容氏，前燕之支
庶也。高祖勝，以燕皇始初歸魏，魏授長樂郡守，賜姓豆盧氏。或云
避難改焉（十九） 楊忠傳：賜姓普六茹氏（十九） 王雄
傳：賜姓可頻氏（十九） 竇熾傳：扶風平陵人也，漢大鴻臚章十一世

孙韦子续，灵帝时为雁门太守，续坐事诛。注：三国志……

陵出人。歔西张子，陈内宗于伏罗，姓纥豆陵氏（卅止）

郁久闾作闾，从省便。○通鉴晋安帝义熙九年，魏主嗣……命……

……郁将闾大肥等击越勤部于跋那山。大肥，柔然人也。注：柔然

姓郁久闾氏，今曰闾，从省便也（卅二）

书代北姓从略跋。○通鉴宋文帝元嘉三年，是时魏之群臣出于

代北者，姓多重复，及高祖迁洛，始改为单姓，其不可悉举者难知，

故皆从后姓以就简易，今从之（卅三）

自姓。○新书宰相世系表，先彭城刘氏，十世祖渊之，集宋起部

郎。后子孙以宋之乱以东魏自比，任支国自标（卅二止）

古無姓。新方學說傳后后國當闇識儒言民族者本炎黃之裔則

上古乃無百姓字……說因古未有姓若是狄，然自炎帝之姜

黃帝之姬始因所生地而為之姓，其後天子建德因生以賜姓

黃帝二十五子，而得姓者十四，德同者姓同，德異者姓殊，其後

或以官，或以國，或以王父之字，始為賜族，久乃為姓，降唐虞秖

戰國推族譜諸侯國裔列國既滅，其民子孫乃以舊國為之氏，下及兩

漢人皆有姓，故姓之以國者，韓陳許鄭魯衛趙魏為多（釋姓）

新羅傳：民無氏有名（釋下）　南蠻傳：嘉良夷無姓氏（釋下）

子從母姓（新書東女傳註下）

賤者無氏。鄭樵曰：氏所以別貴賤，貴者有氏，賤者有名無氏，今

南方社會此道猶存古誼僕之祖有多田隆命二氏譜失國家

以二氏別與奪存失國同也

言姓別在上言氏別在下。世本 蔡為榜書之。

繼承

嫡統非犯終之重罪，史官應聽議者。（晉書華表傳）（〇〇六上）

晉書裴秀傳：有二子。濬，頠。濬嗣位……早卒。濬庶子憬，不慧，別封高陽亭侯，以濬少弟頠嗣。……賈充……頠從母夫也。表秀有佐命之勳，不幸嫡長喪亡，遺孤稚弱，頠才德英茂，足以興隆國嗣。詔頠襲爵。頠固讓，不許。……初頠兄子憬為白衣，頠論述世勳，賜爵高陽亭侯。……及楊駿誅，以功當封武昌侯，頠請以封憬。帝竟封頠次子該。頠苦陳憬本承嫡，宜襲鉅鹿，先帝恩旨，辭不獲命。武昌之封，己之所蒙，特請以封憬。該時尚主，故帝不聽。當

（37下）

晉書義陽成王望（安平獻王孚子）四子。奕。洪。整。楙。……先遘薨。……以

奕子奇襲爵。……太康九年。……貶爲三縱亭侯。更以章武王威爲望嗣。河間平王洪。……二子。威。混。威嗣。徙封章武。以威既繼義陽王望。更立混爲洪嗣。……及洛陽陷。混諸子皆沒於胡。而小子滔。初嗣新蔡王確。亦與其兄俱沒。後得西還。與新蔡太妃不協。太興二年。上疏以兄弟並沒在遼東。章武國絕。宜還所生。太妃訴之。事下太常。太常賀循議。章武新蔡。俱承一國。不絕之統。義不得替其本宗。而先後傍親。按滔既已被命爲人後矣。必須無後兄弟。本國永絕。然後得還所生。今兄弟在遠。不得言無。道里阻隔。復非絕域。且鮮卑恭命。信使不絕。自宜詔下遼東。依劉羣盧諶等例。發遣令還。速嗣本封。詔滔來以使妻韜所得也。元帝詔曰。溜繼出養。自有所生。如新婦大妃。相待若落。溜執意如此。如其不繼。徐首紛紜。要為不可。今便順其所執。還繼章也。上（卅七下）

晉書文六王傳。城陽哀王兆。字千秋。年十歲而夭。武帝踐阼。詔曰。……先后頻欲立其後。而竟未遂。……其以皇子景度為千秋後。其禮。亦近世之所行。且以述先后本旨也。上（卅八 8上）

[illegible]三歲

廣漢殤王廣德。亦[illegible]嗣（同上）

又王沈傳。子浚。……母趙氏婦。良家女也。貧賤。出入沈家。遂生浚。沈初不齒之。年十五。沈薨。無子。親戚共立浚為嗣。（卅九 2上）

又賈充傳。充遂無胤嗣。及薨。槐（充婦廣城郭槐）輒以外孫韓謐為黎民子。奉充後。郎中令韓咸中尉曹軫諫槐曰。禮。大宗無後。以小宗支子孫之無異擇為孫之文。……擁不復。咸等上下求改立嗣。章疏不報。擁兼表陳皇太遺意。帝乃詔曰。……古者列國無嗣。則始封支庶。以繼其統。而近代真除其國。至於周之王。漢之藩國。寧讓建之子。和帝寶憲之妃。蓋為顯貴屬。不同常例。大宗嗣取外孫繼嗣為其子嬰民孫。王安為繼之。外孫晉國至近。推國計情。合於人心。其以繼嗣為晉之其孫。以嗣其國。自非功於大宗。繼者無孫為大宗。所取必以已自出。不（已）為大宗。皆不得以為法。可征。魯秀儀之諸援晉人繼嗣之自不接從者。自非功於大宗。繼者無孫為大宗。所取必已自出為大宗。不自以為法。然則以外孫為孫。自非元功顯德。不得也。天子之禮。蓋可然矣。

違文祖之典命。羣臣廷之禍亂。讒訣。昏亂紀度日荒。請謚荒公。
不從(五十九)
尚書殷仲堪傳：不以異姓相養。禮律所不許。子孫繼親族無後者。
唯令主其蒸嘗。不聽別籍以避役也。(八十四)
又忠義傳嵇紹：紹長子眕。有父風。早夭。以從孫翰襲封。成帝時……
翰以無兄弟。自表還本宗。太元中。孝武帝詔……訪其宗族。襲
爵奉祀。於是復以翰孫曠為弋陽侯。(八十九)
世子未嗣。次子有子孫若無孫者……六子左氏屬籍
附宋書禮志(十四)
陳留國王曹虔秀。長子虔嗣早卒。季弟虔秀之子。生子銑。以繼虔嗣。

南史謝密字弘微，名犯所繼内諱，故以字行

今依例應擇其子。承譯之以說明其子，爲應立繼之嗣。宗者代

宋書謝弘微傳：從叔峻，司空琰第二子也，無後。以弘微爲嗣……義熙初，襲峻爵建昌縣侯。弘微家素貧儉，而所繼豐泰。唯受書數千卷，國吏數人而已。遺財祿秩，一不關豫。混叔父聞而驚歎，謂國郎中令漆凱之曰：建昌國祿本應與北舍共之。國侯既不措意，今可依常分送。弘微重違混言，乃少有所受。（北舍，弘微本家也）混以劉毅黨見誅，妻晉陵公主改適琅邪王練。公主雖執意不行，而詔與謝氏離絕。公主以混家事委之弘微。混仍世宰相輔，一門兩封，田業十餘處，僮僕役千人，唯有二女，年並數歲。弘微經紀生業，事若在公。一錢尺帛，出入皆有文簿。……高祖宋武受命，晉陵公主降爲東鄉

嘉。以混得罪前代。東鄉君節義可嘉。聽還謝氏。自混亡至是九載。而室宇修整。倉廩充盈。門徒業使。不異平日。田疇墾闢。有加於舊。……元嘉……九年東鄉君薨。資財鉅萬。園宅十餘所。又會稽吳興琅邪諸處。太傅司空琰時事業。奴僮猶有數百人。公私咸謂室内資財。宜歸二女。田宅僮僕。應屬弘微。弘微一無所取。自以私禄營葬。混女夫殷叡素好樗蒱。聞弘微不取財物。乃濫奪其妻妹及伯母兩姑之分。以還戲責。内人皆化弘微之讓。一無所争。弘微舅子領軍劉湛。性不堪其非。謂弘微曰。天下事宜有裁衷。卿此不治。何以治官。弘微笑而不答。或有譏之曰。謝氏累世財産。充殷叡一朝戲責。理之不允。莫此爲大。

仰觀而不言。時時棄擲江湖，以為廉耻。隨傍立唐名節，今家尚不
異也，亦吾所以彫也。江徽曰：親屬事賤，為節之甚。今同人者計無
言。豈可等之使榮。今予多共步。可以有之。不死之深。豈復見之

（四下）南史 卅四

梁書阮孝緒傳：孝緒七歲，出繼從伯胤之。胤之母周氏卒，有遺財
百餘萬，應歸孝緒。孝緒一無所納，盡以歸胤之姊琅邪王晏之
母。聞者咸歎異之。（四一頁）宗人推其行重，卒者，執留王晏金獻
善物與之。孝緒見而駭愕，啟彥之文孝緒送還王氏。（七上 南史）

江蕭等言：周傳見篇，而為父子。哀帝遷為穆帝嗣，謝安等言其
人情宜繼顯宗。晉書禮志（四四上）

本書體例

魏孝文帝大和三年。詔……以嗣……有由諸侯入事方鎮。……蕃

孝為人倫之義。敢為侮邪[illegible]等讒臣上。妄建邪正之隙。……股肱

大臣。諸之無救。共市宗業。藏之宗廟。著於令典。是以高貴常道

援立。當不相負。……晉懿帝……追踵吳王而大保而已。元帝

太興二年。有司言琅邪恭王宜稱皇考。賀循議云。禮典之義。子

不敢以已爵加其父號。帝又從之。二漢此典棄矣。（下七頁）

無嫡孫誰立。北齊書……時議者以為未有著令邑承封者

無嫡子立嫡孫。孫……立嫡子弟。無嫡子弟立嫡子孫弟。庶子

而無嫡孫立庶嫡曾孫……（四四上）

朝任當之才。周書賀斯付王即任以職。諸子同見此策者

其名書之府庫，謝上及大臣皆莫之知，中王死，乃共發書視之，其書內名者則立之以爲王，餘子弟出就邊任，兄弟更不相見也（[illegible]記）。

隋書獨孤羅傳：父信，初仕魏爲荆州刺史，武帝之入關也，信棄父母妻子西歸長安。初信入關之後，復娶二妻，郭氏生子六人，……崔氏生獻皇后。及高祖爲丞相，便嘗獻皇后遣人求羅，得之。高祖……既受禪，下詔追贈羅父信官爵……其諸弟以羅母沒齊，先無夫人之號，不當承襲。上以問后，后曰：羅誠嫡長，不可誣也。於是襲爵趙國公（隋書七九 北史六一）。

不喜臟傳：大俗非重，回妻子不得爲闕。重初立之日，所有兄弟並

刑殺之變告一揭有關若舉别籍侍經不得仕進（下二上）北史秦紀下

北史韋世固既娶則分財别居惟幼子與父居（九五上）真臘國

男婚禮畢即與父分財别居父母死而如有未婚者以歸財與

之着婚畢財物入官（隋書八二上下）

僕謙稱伯稱考皆非稱本生父如是 經世文編五九 袁士奇爲人後

歸宗父得財産一級〇西漢文景多 武昭後東漢衰絶

立嗣遺法二下 吾學録

爲殤立後議 經世文編五十 絳陽則爲遺字

女子繼承財産 眉叢一卷五期 唐宋之家族 同産及遺囑法 下二下三

史思明子無適庶 廿二史劄記 上10上

首大子不應復立大孫新唐書三宗諸子傳八一也

民族

民族提要

「民族」一包札録，不分札，共有六十餘頁。大都是先生讀《唐宋元時代中西通商史》《文化人類學》及其他新書時的筆記，也有幾頁抄録新舊《唐書》《金史》等史籍上的資料。

先生摘録的資料，或在紙角天頭寫有類别名稱，或寫有題頭。如第三三八頁「民族」「中國人胡化」等。資料按史籍原文節録，並注明史籍的篇名卷第，如第三四二頁録《金史》資料注見「八3上」（即卷八第三頁正面）。未録原文的，也在題頭下注明材料出處，如第三三九頁「鐵勒漢化」見《新唐書》「百十4下」（即卷一一〇第四頁反面）。第三四四頁「孝文不以薛聰斥之曰虜爲嫌，十一510」係先生著述《兩晉南北朝史》的初版頁碼（即第十一章第一節第五百一十頁）。第三四八、三六九頁的資料後，先生都加有按語。第三四五頁的「因果報應」條，似是一篇讀史札記的初稿。

「民族」一包，内也有剪報資料，此次整理未予收録；札録的手稿部分，均按原樣影印刊出。

民族

印度一夫之寡
妻多

見文化人類学 185

民族

中國人胡化

隋太子勇

建成 舊（六四）1下 元吉 舊（六二）1下（六四）4下 新（七九）3下

李客師 舊（六七）4下

承乾 新（八〇）1下（一〇〇）1下

武延秀 新（二〇六）3下

田承嗣 舊（一四一）1下2上

鐵勒諸仁

廣寓週 小卜

[redacted]

民族

明太祖攘斥異族 唐宋之時代中西通商史218—224

宋時蕃商娶中國女子衆 唐宋之時代中西通商史45 伊斯蘭教徒與中國人

通鑑45 70

色目之稱唐時即有 唐宋之時代中西通商史75 76附

漢威行於西北故西北呼中國爲漢人 唐威令行於東南故稱唐

呼中國爲唐人 唐宋之時代中西通商史98—106

稱中國人爲唐家子即桃花石 唐宋之時代中西通商史99—106

土生蕃客 唐宋之時代中西通商史106

外人稱中國三名 一支那 一桃花石 一契丹 見伯希和支那名

稱之起源 西域南海史地考證譯叢 不言即唐家子之說

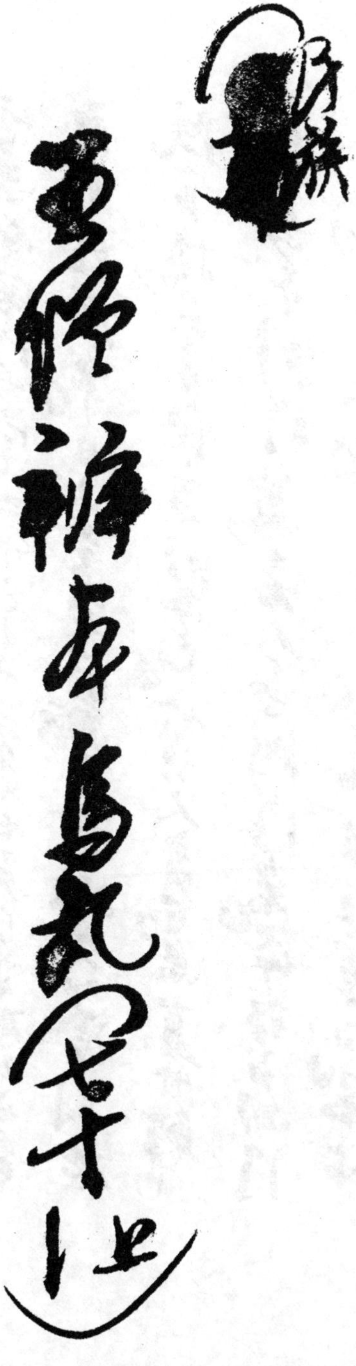
民族

民族

金史世宗紀大定二十三年七月，上聞吏部員外郎中段珪卒，曰：是人甚明正，可用者也，不知登聞檢院臣擬新舉任其職者可也。燕人自古忠直者鮮，遼兵至則從遼，宋人至則從宋，本朝至則從本朝。其俗詭隨，有自來矣。雖屢經遷變而未嘗殘破者，凡以此也。南人勁挺，敢言直諫者多，前有一人見殺，後復一人諫之，甚可尚也。

不廷

民族

劉峻孝標辯命論：彼戎狄者，人面獸心，宴安鴆毒，以誅殺為道德，以蒸報為仁義，[redacted]自金行不競，天地版蕩，左帶沸脣，乘間電發，遂覆瀍洛，傾五都，居先王之桑梓，竊名號于中縣，與三皇競其氓黎，五帝角其區宇，種落繁熾，充牣神州。嗚呼！福善禍淫，徒虛言耳！

顏氏

古之不以薛碑之在占

荀為植（十三・六引）

民族達

蒙古語因一系根意知其借道以其名

此謂也蒙古民達者意謂其佛郎之入寇也故傳

可與勝計丁壯其所能動戰堅定毋少于額上經家

可戰之廿八（頭註）宋孔子帝之相凡其所人之大路乎高遠只

安定救乎古今中國之所籍也陸紹[redacted]路乎彬宮三年（錦七卅）得未能合

邦其緣既每其底不易塞己以是極謂人之是乃是

絕淵己同理之所有也

三十五年[redacted]十二月　西康民瘼

二十八年以寧雅屬十四縣畫入川邊建西康省以劉文輝為主席文輝使其民種煙初為在近處區域繼則徧及省境收其稅謂之公煙稅曰始取什二後至什五又有所謂公買煙者將弁文職皆有分乃至遍其所種或曰其稅分三等高者什六次十四下者什三於是倮羅以煙易槍漢人亦買槍以自衛軍人乃以運槍入康運煙入川為業據估計槍入倮羅手者凡三十萬枝其中多有來自前線士兵之手者云文輝之屬皆富或云數年中西康土地入大邑人手者三之二矣　文輝大邑人屬僚多其鄉里

民變暴起三十五年三月二日滎經民叛天全之民兵敗二十四師第以仁樽之兵以[redacted]仁走雅安因衝突時起波及蘆山雅安黃以仁改駐天全奇民居民流離於外有二月結隊返鄉以仁之兵阻之衝突又起時十二月三日迄十六日以仁兵大敗槍械並為民軍所繳以仁僅以身免叛於途遁天全攻滎經入蘆山我名山國雖安云時文輝在京命其所屬二十四師進攻二十四師者故二十四軍縮編為師約九樽此外另一警衛營人對外約一樽另有五保安大隊西康兵力盡於此云叛衆稱人民自衛軍總司令日程志武或誤為陳紹武蘆山農家子曾受中等教育畢業於二十四軍將校又有[redacted]西康政治革新運動委員會之設云樽

民族

民族性與地理。由歐入美之民，有居北境之條頓族者，有居地中海岸之拉丁族者，有居東境之斯拉夫族者，雜一兩代之後，美國民性共對國民性形成。加拿大、澳洲、南非洲之民，本來自各國，今亦顯出一種特殊之國民性。如美國英國民族相同，而各有其國民性。德國北境之民與荷蘭民族相同，而各有其國民性。即舉此可見地理關係之大。

民族

民族

或曰與領土并同可為證　猶太人

或曰英與愛尔蘭同語而非一民族　猶太人語不同而民族同根

與言語并異

民族者乃一民族異於他民族特質之總計也　色與形的及精神

的人類之性格由運命造之　運命不外領土經濟等共性

大人數居處久之而為一民族者宗教的心理的傳統之并存也

共同歷史是大力焉矣

由于建立封建主義民族形成乃英法德意等為是民族國家同成　時形　指

與種族并異如英法德意者種族甚雜　如民族者歷史上建築起

之人類之普通性也
亞歷山大等之國家未能形成民族，始亦只和貴之所讀
殖民族之普通性也，只普通之理，國家則不要故
異民族不必要語言如英與美　邦域上亦有差　此則因其地異也　長時期等
同一地域之生活非同類者不能於類者為要件
民族性亦隨生活情形而變化
然能民族國家者，則於民族成一國，如殖民地　以一民族能統
御他民族也　於東方，則直殖民地屬國，於帝國主義支配　非
向於此民族國家之路而行，民族運動中民族到革[redacted]者　和在被
支配民族中之支配階級，則其被支配階級亦被驅入於其

中央支配阶级与被支配阶级虽常斗争，然其终也被支配阶级每立于本族支配阶级统率之下，弱民族之压迫抵当其将所谓精神的教育，于是请发展。压迫国家之无产阶级当为无产阶级之国际主义而主张被压迫民族之自决权。

民族自决权为民族自处理其运命，拒绝它民族之干涉。

资产阶级何以贵族斗争。彼须广大之领土为原料与市场。劳动者扩种族界限，谋芳劉操政治而统一，阻挠而直障碍其碍之也。彼乃呼号发展民族都市，以资产阶级压抑幼稚之无产阶级。及前之无产阶级更见外之侵入国外于其压抑本族。

之弱者陸續且壓抑他民族矣　其初彼要求樹立第一民族

而此次要求之根因之乃色受被壓抑之民族爭

資本主義之發展打破國民經濟界限樹立世界經濟體制　於

是把民族之資產階級及統之共被抑壓大衆為所統率而發

展民族解放運動　此由資產階級所指導之民主主義的性

質且有進步的革命的意義

弱小民族之隸屬　（一）經濟的　Ⓐ農民失其土地而為農業勞動

者或工業勞動者　如朝鮮之土地百分之四十屬於東洋拓殖

会社　百分之十五屬於不二興業会社　全土之百分之十二為日本

金融資本所掌握　台灣之農民成為栽培沙糖之工人或在工

協勞動(B)勞動價值之關 (一)銀低勞動時間長生其本國人過與

於東三省八与在東三省之日人 (C)原料輸出價極低之製品

輸入價極高 (二)政治的(A)殖民地(B)勢力範圍入其範疇保護國等

(C)對資本國家角逐其獨定政策下失自主 (三)文化的破壞

失了祖宗教而輸入己之言祖宗教 精神的權取而於本動 機政治的支配其形式

資本主義之侵入後進國亦發生資產階級此使弱小民族亦發

生階級的自覺

十九世紀西歐之民族主義以反抗拿破崙世界帝國之計畫而

生 今則曰帶社會主義矣 今之帝國主義由權取弱小民

族之利閾而維持弱小民族反抗之世崩潰無也

資本主義國之社會中分出工人階級必與該國所支配之殖民族之無產分子相提攜乃克有成

帝國主義時代民族之情形如何　支配國本爲一民族國家此時則成爲征服抑壓他民族之國　帝國主義者互相競爭被壓迫民族爲求解放而鬥爭此亦足撼動帝國主義者之均衡也　此時世界經濟發展引致民族之混合一人口移動二大都市聚集一切民族差別撤廢之情勢爲所破壞　國際無產階級入於民族

世界革命之際後資產階級民主主義成而無產階級民主主義

舊式民族壓迫之原（一）帝王野心（二）異族敵對心（三）異教仇恨心

近代則以資本掠取爲動機民族及戰爭隨生產交易之進而

打破大資本家乃鼓吹不焉

近代民族之壓迫(一)弱小國家舊如巴爾幹是也(二)資本國政治領域内之民族如俄之波蘭英之愛爾蘭(三)失國分散如猶太(四)未開之地如亞非美洲之黑人

民族為世界文化之單位也　然社會主義不但共為政治單位

在政治方面須以實現地球上一個的世界共和國為目標

社會主義對於民族運動之原則　(一)民族同權不問文化階段人種差異在行動上須有同一樣權利　(二)民族自決任何民族皆有與其他民族自由聯合之權言語宗教之育等皆由自己決定　(三)弱民族均有建獨立的國家之權利民族須完全

由母國分離形成其自有的國家，在此國家如須非資產階級的而為無產階級的 (四)民族結合於民族之自決及其國家生存非獨立的而須在其與蘇維埃民族之結合，此為進入世界共和國之過渡形態，今世界化之趨向要緣此使各民族結合最后之世界共和國

社會主義對於弱小民族運動之戰術 (一)對於一切民族運動須作具實的援助，即小資產階級之民族運動亦須援助，何也？弱小民族任何反抗運動皆與資本主義之崩潰有關 (二)然與社會主義的性質于一切弱小民族運動須時時留心于小資產階級 須時引之達之 產階級運動 (三)使弱小民族之農民要求前進 考慮國家事特別在土地制度上實行的

努力以發揚殘　　（四）弱小民族之無產民運動者須努力以發民與
之發合學將　　於各多數成
為後日的大戰　　（五）弱小民族者或容許國家之生存在蒂蘭波
運動值得可疑　　以英國即隔
入此提計中猶太人則建國于巴勒斯坦為資產階級所竊喜
的小民族即能建國于列強間的共利益共與共族之無產階
級而
已　（六）資與小資產階級之國民主義者俱是扇動殘殺之
入種的原因以使被榨取民族弱于民族之一切階級均抱
不信之我小資產階級之平和主義自然由鬥爭進行解放之
原則亦能打破　（七）社會主義之民族運動與假同義主義者
運動能者不和睦與利土耳其之勇族地主僅能得自弊之大區
經國主義與利日之地主資本家為弱小民族之被壓迫者今
何殊　（八）社會主義民族運動如與反帝國主義相結合聯團

主義之帝國主義以後為強權所弱小民族乃無產階級不共之敵

近代民族運動之階段（一）舊日政治獨立之民族主義運動（二）以資產階級為主義之民族運動（三）無產階級等等的民族運動此具有世界史的意義

蘇維埃之民族　一九一七年十月革命十一月十五日人民委員會發佈俄羅斯的民族權利宣言（一）俄羅斯的民族完全同權（二）的民族的分離權及獨立國家的成權（三）居住俄羅斯領土內的少民族及人種的集團之自由發展權（四）廢止一切民族的及宗教上之特權及制限　又拋棄沙皇政府從外國的民族

經濟之權利　然亦難則權得的文化的而可得其權力且
為帝國主義的團體之所包圍于一九一八年第三次全俄蘇
維埃大會形成一種聯邦　一九二二年十二月三十日于社會主義
蘇維埃共和國聯盟之憲法規定外國貿易陸海軍通信等
通信關稅等亦由共和國統一〔之〕實業財產權得國內商
業勞動等亦達到勞動協力為民族風俗習慣為文化等業方法
裁判為共和國所有權之機關　為蘇維埃共和國所得以
權利生活因民權之為民之自由者其權不可侵犯也
之俄使全俄領土從屬于權俄之工業中心某則創設為地方特
殊工業　日本在其統治朝鮮其此其理雖為此年而禁之某則以

重各民族之國語　布令以各民族學校　民族語教開學
學校使用其本言語　不強於小民族使用
多數民族
之語言

聯邦主義乃走到較高之較西的中央集權主義之過渡期
强調以中央集權爲主要目的蘭與英之聯邦制度也

凡社會主義者皆要求與資本階級的主張相反　剝削殖民地與
與民族自決權之同樣意義

民族

歷史產物

初以血緣 次合他族為地緣 以相互際而語言同

通婚而血統同 環境同而性質同似同 利害同

異種亦族 如相隔同種亦異也

民族中一

治者階級是也　民族利害無爲切　故民族意識

無爲須　工人無祖國　無利害可言　故治者階級鼓吹民族主義

舊在政府　貴族　常集會　共同語言文化　其爲農民

多爲土語所限也　資本主義無國界　以爲語言一

工人入工廠　商人入商店　而共同語言生　教育普及

而文化爲好　民族主義可造成

國家與民族

今之國家 鼓吹民族之感情 顛倒是非 人為人則知有世界國民則至 今之國家所求於人之道德程度較國體為低 今人尤為務於國體

種族已傳者耶
此未定之問題也　至種族之已傳
者則鐵案如山矣

種族謬見

同國同種同民族今論混三者為一 社会使種族統一及以為種族本一故社会一 自亦脆羅馬以誇張本族之論今種族既以謬甚至則係其種族之純其實同族相去甚遠種族間無甚差別也

革命與民族

革命之後民族之異同雖屬邊域然接觸
密生相信賴不容相仇
接觸平等生活協同互相提攜發展文化衍
一民族成矣

不好適應氣候於不好侵略他國
最好適應於為中國 楊大
世界氣候 英 美 德 新西蘭最佳

適宜气候

最高温度 五十九至六十五 知力最宜四十 知力工作
兩宜廿五十

濕度降下四五度時使人興奮

暫時颶風 輕徐之風最益 終日不停長風

終日不變之气候使人不快 氣候宜變而不厲

人性因地理而異

布丹 Jean Bodin（1530—1596）因北人偏智力之大膽南人知哲學與宗教中階長於知識政治與宗教

某人因性地而異故某某說亦當布丹

創初期之

侵略地帶

Mackinder云裏海一帶山界冰川南

西有自歐中叢林濱入黑海裏海之江河

界高山自希臘至土耳其侵略歐洲地皆

自此

社会

種族團合

外國　往來一傳至　商業　俘虜

尤　婦女　奴隷　性之衝動　移徙　地久（半據）

並拒對摩娑西摩

同移試對他則否